북조선 X파일 100

한국산업훈련연구소
Korea Industrial Training Institute

Hokuchosen 100 No Shinjoshiki by PYON JIN IL
Copyright ©1999 by PYON JIN IL
Original Japanese edition published in Japan by THE MASSADA Publishing Co., Ltd.

Korean translation rights ©1999 by Korea Industrial Training Institute
arranged with THE MASSADA Publishing Co., Ltd.
through Bestun Korea Literary Agency
All rights reserved.

머리말

　"지척이 천리"라는 속담이 있다. 이 말은 서로 손이 닿을 만한 곳에 살고 있지만 천리 길만큼이나 떨어진 곳에 살고 있는 듯한 느낌을 갖는다는 뜻이다. 바로 우리 겨레의 비극을 예견하고 지어낸 속담이 아닐까?

　북한 사회는 철저한 베일에 가려지고 폐쇄된 탓으로 지금 이 시간에도 무슨 일이 일어나고 있는지 도무지 알 길이 없다. 가끔 망명자나 탈북자들, 그리고 외국인 여행객이 그곳에 들렀다가 전해주는 단편적인 귀동냥이 우리가 갖고 있는 지식의 전부이다. 그것들을 종합해 보면, 그곳 사회는 굶주림과 공포와 갈등이 공존해 있으며, 전쟁수행을 위한 엄청난 에너지가 비축되어 있다는 소식이다. 그뿐만 아니라 핵과 미사일과 화학탄(化學彈)까지 이미 개발해 놓은 상태라는 섬짓한 사실까지 전해지고 있다.

　이같은 상황에서 최근 북한이 장거리 미사일 발사 실험을 강행할지도 모른다는 우려가 강력히 제기되면서 미국과 일본은 긴장감을 감추지 못하고 있다. 그래서 나온 것이 〈페리 보고서〉에 입각한 클린턴 미 대통령의 대북 포용정책이다.

이에 대해 99년 9월 18일자 〈뉴욕타임스〉지는 '일보의 전진 (A step Forward with North Korea)'이라는 사설에서 "북한은 세계에서 가장 고립되고, 믿을 수 없고, 비밀스러운 국가 중의 하나다"라고 전제한 다음, 미 행정부의 대북 포용정책을 환영하면서 향후 북한측의 움직임을 모니터하여 긴장 완화를 위해 더욱 폭넓은 합의를 이끌어내야 한다고 충고했다.

현실이야 어떻든 간에, 우리가 바라는 것은 이 나라의 평화적 통일뿐이다. 그러나 '믿을 수 없고, 비밀스런' 북한 실정에 대해 우리들은 너무도 눈이 멀고, 귀가 어둡다. 이같은 답답한 심정과 궁금증을 조금이나마 풀어주기 위해 당 연구소는 재일교포 변진일(邊眞一) 씨가 저술한 ≪북조선 100가지의 신상식(新常識)≫(일본어판)을 우리말로 번역, 출판하기에 이르렀다.

이 한 권의 책이 북한 실정에 목말라하는 뜻 있는 분들에게 단비와 같은 구실을 해주리라고 확신한다.

1999년 늦가을
한국산업훈련연구소
대표 박 경 일

2 핵개발의 실체는 이렇다

3 탄도미사일의 개발은 어느 정도 이루어졌는가?

부 록

김정일의 프로필과 연표

에필로그

알고 싶은 북한의 50가지 궁금증

Q1. 북한의 경제성장률은?　Q2. 그들이 부르짖는 강성국가(强盛國家)란?　Q3. 북한이 지향하는 경제노선은?　Q4. 공장가동률은? Q5. GDP(국내총생산)는 얼마인가?

Q6. 국방비는 어느 정도인가?　Q7. 일반노동자의 월급은 얼마 정도인가?　Q8. 주식은 무엇인가?　Q9. 식량은 얼마만큼 부족한가? Q10. 영양실조에 걸린 어린이 숫자는?

Q11. 한해에 죽은 아사자의 수는?　Q12. 각 가정에서는 식량난을 어떻게 해결하고 있는가?　Q13. 식량부족은 언제쯤 해소될까?　Q14. 이산가족 상봉에 필요한 뇌물액수는?　Q15. 화학비료는 얼마나 모자라는가?

Q16. 전력부족의 실정은 어떻한가?   Q17. 북한에는 과연 석유가 매장되어 있는가?   Q18. 106층 호텔건축이 중단된 이유는?   Q19. 농민시장은 몇 군데가 있는가?   Q20. 국제기구를 통해 무상으로 지원받은 곡물은 얼마 정도인가?

Q21. 원조물자는 어떻게 수송되는가?   Q22. 시장경제에 대한 시도는 없는가?   Q23. 통일교와 북한과의 관계는?   Q24. 현재 부랑자의 수효는 얼마나 되는가?   Q25. 중국 땅에서의 북한 난민의 수효는?

Q26. 남한으로 탈출한 망명자의 수는?   Q27. 망명자 정착금은 얼마인가?   Q28. 신원 미공개의 망명자도 있는가?   Q29. 6.25때 한국군 포로의 숫자는?   Q30. 현대그룹 총수의 방북 선물은?

Q31. 금강산 관광의 목표 인원수는?   Q32. 현대그룹의 금강산 관광사업 독점권료는 얼마인가?   Q33. 외국환의 공정환율과 실세환율의 차이는?   Q34. 무역량은 어느 정도인가?   Q35. 경수로 건설비용은 얼마나 소요되는가?

Q36. 한국인 기업가의 방북건수는?   Q37. 북한과 합자한 한국기업 수는?   Q38. 조총련과 합자한 기업수는?   Q39. 북한의 일본인처 가운데 몇 사람이 고향으로 돌아왔는가?   Q40. 북한에도 폭력조직이 있는가?

Q41. 김정일의 생일에 쓰여지는 비용은 얼마 정도인가?   Q42. 북한에도 매춘이 있는가?   Q43. 김일성 동상은 모두 몇 개인가?   Q44. 형무소에는 어떤 것이 있는가?   Q45. 북한에 있는 방송국 숫자는?

Q46. 북한의 실제 인구는 얼마인가?   Q47. 경수로 건설은 언제쯤 완성되는가?   Q48. 북한도 징병제인가?   Q49. 쿠데타를 막는 부대가 있는가?   Q50. 북한에 있는 인민회의 대의원 수는?

암울한 북한실정

〈선로 위를 걸어가는 젊은이〉
북한의 식량부족은 이제 한계점을 넘어서고 있다. 어른이나 아이들이나 낚시, 풀베기, 나물캐기는 단순한 놀이가
아니라 사활이 걸린 삶의 문제다. 기차가 지나가지 않는 철길 위를 지게를 진 한 젊은이가 힘없이 걸어가고 있다.

〈농장에 동원된 소년들〉
평양에서 개성에 이르는 곡창지대에서 눈에 띈 농사일의 모습. 감색 제복에다 모자를 쓴 젊은이들이 특히 시선을 끌게 한다. 농촌지원으로 내몰린 학생들이다(98년 4월).

〈농장에서 일하는 인민군〉
시속 100㎞로 질주하는 차창 너머로 보이는 돌투성이의 밭. 젊은 군인들의 모습이 보이는데 다급해진 식량증산 공동작업장에 투입된 병사들이다(98년 4월).

〈목탄차의 운행〉
휘발유 부족으로 사람들의 이동수단은 거의 트럭이다. 그나마도 거의 대부분이 목탄차이다. 짐 싣는 곳에 드럼통과 같은 용기를 설치해 두고 장작으로 물을 끓이는 수증기로 차가 달린다. 당연히 마력은 떨어지고 웬만한 고갯길에서도 차는 멈추고 만다.

〈어느 시골의 기차역〉
동해안을 따라 두만강을 향해
달리는 차창 너머 보이는 어
느 시골의 기차역(92년 9월)

〈원산역 앞〉
역전에는 짐을 어깨에 매거나
사람들이 빠른 걸음으로 걷고
있다. 한쪽에 쭈그리고 앉아
있는 사람들도 보인다(98년 4
월).

〈소총을 든 여자 경비원〉
항구나 기차역에는 소총을 든
경비병이 있는데 이 청진항에
는 20세 전후의 여군 두 사람
이 경비에 임하고 있다(96년 3
월).

〈철길을 걸어가는 사람들〉
단선인 선로는 거리에 마을 마을에서 거리로 가는 최단 코스이다. 오가는 열차편이 뜸하여 마음놓고 철길을 걸어 다닌다. 그래서인지 선로는 붉게 녹이 나 있다(98년 4월).

〈화물칸은 초만원〉
원산에서 금강산까지 가는 길은 인민군에 의해 만들어졌다고 한다. 오가는 차량은 적은데 길은 꽤 손상되었다(98년 4월).

〈트럭 화물칸에 올라탄 화려한 차림새의 부인들〉
연료 부족은 수도 평양도 예외가 아니다. 화려한 차림새의 부인들이 모처럼의 서커스 구경을 위해 트럭을 타고 나들이에 나섰다.

〈차창으로 본 서민들〉
평양에서 두만강까지는 16시간이 걸린다. 차창 밖으로 서민들의 집과 사람들
의 생활 모습이 눈에 잡힌다. 한순간이지만 그들도 이쪽을 응시한다. 기차가
신기해서일까, 아니면 어떤 고달픔을 달래기 위해서일까?(92년 9월).

〈암시장〉
맹렬한 속력으로 달리는 차창 밖으로 암시장이 스치고 지나갔다. 얼마 안 되는 음식물과 야채가 장마당에 나오지만 값이 무척 비싸다고 한다. 옆자리에 앉아 있던 통역자가 급히 커튼을 내렸다.

〈소녀들의 군사훈련〉
평양관광의 볼거리는 '주체사상탑'이다. 이곳은 평양 시민들의 안식처인데 이날
우연히 여자들의 군사행진훈련이 목격되었다. 아마도 학생인 듯하다. 감독관이
옆에서 채점을 하고 있었다(98년 4월).

〈청진항 - 북한고속정의 6개의 스크루〉
북한 청진항에 대기중인 선박들. 이들 배에는 6개의 스크루가 장착되어
있었다(96년 9월).

〈철조망 건너편〉
동해안 한국쪽에서 바라본 군사경계선 건너편. 철조망을 사이에 두고 양측에 감시초소가 있다. 북한의 선전용 간판 뒤로 보이는 해금강의 절경이 왠지 쓸쓸해 보인다(98년 5월).

〈선전용 스피커〉
언덕 정상에 북한측의 선전용 스피커가 보인다. 임진강 강 어구의 경계선 부근이다(98년 11월).

〈안쪽을 향하고 있는 기관총〉
동해안 어느 밭머리에 자리잡고 있는 기관총. 그런데 그 총구가 해안선쪽을 향하고 있는 것이 아니라 내륙을 향하
고 있다. 이것은 과연 무엇을 의미하는 것일까?(92년 9월).

〈시급한 식량확보〉
주민들은 식량확보를 위해 안간힘을 쓰고 있다. 작은 어선에 많은 사람이
올라타 그물을 끌어올리고 있다. 잡는 고기보다 배에 탄 사람이 더 많아
보인다. 배에 타야만 잡은 고기의 몫을 차지할 수 있다(99년 4월).

〈보전할 식량확보〉
금강산 계곡 바위 위에 개울에서 잡은 물고기를 말리고 있다.
이 건어물은 보건식품으로 인기가 있다.

〈촛불에 의존한 터널 내부의 수리공사〉
터널 밖에는 많은 사람들이 대기하고 있다. 터널의 내벽 수리공사를 촛불에 의존하기 때문
에 교대시간이 늦어지고 있다. 무려 6시간이나 기다린다고 한다(94년 4월).

〈태권도로 단련된 주먹〉
판문점을 경비하는 북한
인민군 병사의 주먹.
주먹 밑부분이 검푸르게
못이 박혀 있다(98년 4월).

〈김정일 사진〉
가끔 투숙하는 호텔 내부 벽면에 걸려 있는 김정일의 거대한 초상화. 크기는 사방 10m 정도가 된다. 김일성 부자의
사진이 나란히 걸려 있는 것은 흔히 보았지만 이처럼 단독의 큰 사진은 처음 본다(96년 3월).

1

대남·대일 공작의
실상은 이렇다

공동통신사 제공

Q 1 북한의 공작선으로 추측되는 괴
선박 '제2다이와마루' 호와 '제
1다이세이마루' 호의 정체는?

A 양쪽 모두가 조선노동당 작전부 소속일 가능성
이 높다.

실은 이 두 척의 공작선이 모항(母港)인 청진항을 출발하여
동해쪽으로 사라진 사실을 NRO(미국가정찰국)의 정찰위성이
탐지하고 화상(畵像)에 담았다. 그뿐만 아니라 도망쳐온 그 배
들이 다시 청진항에 숨어들었다면 청진항은 틀림없이 대일공
작원의 활동 기지임이 분명하며, 또 그곳을 관리하는 부서가
조선노동당 작전부라면 그들의 소행에 의심의 여지가 없다.

노동당 작전부의 임무를 한마디로 든다면 대남, 대일 공작원
의 침투지원, 그리고 적지(敵地)에서의 단기 정찰 및 적지의
사람을 납치하는 일이다. 본부는 연락부, 대외조사부, 통일전선
부 등 특수기관이 자리잡고 있는 '3호 청사' 내에 있다.

작전부에는 본부 외에 연락소(지국)가 동해안의 청진과 원
산, 서해안의 남포와 해주, 그리고 군사분계선과 가까운 거리
에 있는 개성과 사리원을 포함하여 모두 6개소에 이르며 각 연
락소의 책임자는 상좌(上佐) 계급의 군인이 맡고 있다. 이 가
운데 청진연락소는 공작원의 일본 침투를 지원하고 있으며, 무

려 200여 명의 공작요원들이 배치되고 있다. 이 작전부의 전 공작원이었던 안명진(93년 한국으로 망명)의 말에 의하면 청진연락소의 경우 10~20명의 공작원이 단위 팀을 편성하여 해마다 50회 정도 일본에 잠입했다고 한다. 아마도 요코다 메구미 여인 등의 납치사건도 이들 공작원의 소행과 무관하지 않으리라고 추측된다.

현재의 작전부장은 오극렬 대장이다. 이 사람은 79년에서 88년까지 인민군 총참모장의 자리에 앉을 만큼 막강한 실력자로서 김정일 국방위원장의 군사브레인의 한 사람이다.

최근 작전부의 움직임이 전에 없이 활발해졌다. 지난해 98년 6월, 한국 동해안 속초에서 작전부 소속의 잠수정이 어망에 걸려 포획된 사건이나, 한달 후에 발생한 동해시의 공작원 사체 발견 사건도 모두가 작전부와 연관이 깊다. 특히 작전부의 요원이 대남 잠입에 19번 성공하면 영웅 칭호를 받는다고 한다. 그래서 그런지 29번이나 침투에 성공한 베테랑급 공작원도 있다고 한다.

안명진은 필자와의 인터뷰에서 "대남 침투는 95%의 성공률이 따르며 만일 실패를 했다면 그것은 단지 운이 없었다고 말할 수 있다"라고 자랑삼아 늘어놓았다. 그런데 대남 침투보다 안전한 곳이 일본이라는 것이다.

Q 2   '공작선'의 성능과 특징은?

A   공작선은 특수 엔진을 장착한 고속정으로서, 최고속도는 시속 40~50노트(1노트=1.8킬로미터)이다.

일본 내를 들끓게 했던 이 두 척의 배는 전형적인 공작 모선(母船)으로서, '제2다이와마루'는 최고시속 35노트(63킬로미터)인데, 일본 순시선의 최고속도보다 10킬로미터, 자위함의 최고속도보다 5킬로미터를 웃도는 속력을 지니고 있다. 한편 '제1다이세이마루'도 30노트까지 속력을 낼 수 있어서 일본선박의 추적을 따돌리고 북한쪽으로 도주할 수가 있었다.

그런데 의아심을 자아내게 하는 것은 어떻게 그토록 빈약해 보이는 배가 상상도 할 수 없는 속력을 낼 수 있을까 하는 점이다. 대답은 의외로 간단하다. 그 배가 그처럼 속력을 낼 수 있었던 것은 1100마력의 국산 엔진을 4기나 탑재했으며, 스크루가 6~8개씩 장착되어 있었기 때문이다. 이 공작선은 길이가 25미터이며 배수량(排水量)은 70톤 정도이다. 승조원은 7~10명으로 추정되며 장거리 통신용 안테나를 5~6개 갖추고 있다. 이 밖에도 수중탐지기를 비롯하여 상륙용 자선(子船)과 고무보트까지 선체 내에 격납시키고 있다.

북한 공작선이 일본의 경비정을 따돌리고 도주한 일은 한두 번이 아니다. 북한 공작선을 맨처음 발견한 때는 77년 7월, 후쿠오카현 근해에서 해상보안청 순시선 '가라츠'호가 '오우라마루(大浦丸)'라고 쓰여진 괴선박을 발견하고 약 50미터까지 접근하여 정선(停船)을 명령했더니 30노트의 초고속으로 도망을 치기 시작하여 헬리콥터까지 동원, 통신통과 발연통을 투하했지만 결국 시마네현 해역에서 놓치고 말았다.

그후 85년 4월에는 미야자키현 부근 해상에서 해안보안청 순시선 '고시키'호가 '제31고에이마루(幸榮丸)'라고 쓰여진 괴선박을 발견하고 큐슈(九州) 남쪽을 돌아 서해쪽으로 1,000킬로미터나 추적했지만 실패하고 말았다. 이때에는 4대의 항공기와 23척의 순시선을 동원하여 대추적작전을 펼쳤지만 괴선박은 40노트로 달리다가 갑자기 지그재그로 항진하는 등 결국 중국 영해로 사라지고 말았다. 진짜의 '제31고에이마루'는 오오이다현 사가항에 귀항중임이 확인되어 앞서의 배는 확실히 위장선이라는 것이 드러났다.

공안당국은 이번 사건까지 포함하여 이들 괴선박의 출현은 아마도 일본에 침투할 목적이 아니었나 하고 추측하고 있다. 그러나 두 척이 동시에 출몰했다는 점을 생각한다면 침투 이외의 또 다른 목적이 있었지 않았나 의심을 해본다.

북한의 전함

	종 류	타입·명칭	보유수	전체길이(m)	
잠수함	통상형 잠수함	중국제	22	76	
		구 소련제	4	76	
	침투용 잠수함	상어급	21(b) (100 이상)(c)	35	
	침투용 반잠수정 (초소형 잠수정)	유고급 외	55	20 전후	
함정	프리깃함	나진형	2	102.0	
		소호형	1	75.0	
	미사일함	리주형 외	43	43.0(리주형)	
	어뢰정	신풍·클린 외	88	22.0	
		P6형	24	26.0	
	초계정	사리원형	3	62.1	
		태천 I·II형 외	39	60 전후	
	고속정		300 이상	20~25기 중심	
	특수잠수정 모함	상선 개조	8		
	양륙함정	양륙함	10	35.7	
		에어쿠션양륙정	130 이상	27.7	

[주] a···'D'는 디젤, 'DE'는 디젤과 전력(배터리) 병용
　　b···밀리터리 밸런스 1998/99판
　　c···이광수의 증언
　　d···방위백서/헤이세이 10년판

기관(a)	속력(노트) (1노트＝1.8km)	일번함취역년	비고
DE	수중13	1973	533밀리미터 어뢰발사관(8개)
DE	수중14	1951	
DE	수중7.5(D) 수중3.0(E)	1980년대?	중국에서 양도된 잠수함을 대폭 개조, 어뢰발사관을 떼내고 잠항상태에서 침투요원의 출입이 가능한 출입구를 설치함. 신포에서 제조, 신형도 현재 제조 중임. 배수량은 수중에서 약 1000톤, 공작원·승무원 합쳐 800여 명 승선 가능
DE	수중4	1960년대	침투 임무용
D	24	1973	
D	27	1983	
D	34~40	1981(리쥬형)	
D	40	1950년대	533 내지 457밀리미터 어뢰발사관(2개)
D	45	1951년대	533밀리미터 어뢰발사관(2개)
D	30.5	1960년대	기뢰30
D	30.0	1970년대이후	소만형은 기뢰를 15탑재
D	35~40	1970년경	배수량 5톤
D	10		탱크 4~5량 탑재 가능
D	40	1975	탱크 2량 또는 200명 승선 가능

Q 3 공작원은 어떻게 적지에 침투하는가?

어둠을 틈타 고속정이나 잠수함 등으로 해안에 접근 침투하는 경우가 많다.

70~100톤급의 공작모선으로 침투할 경우 해안 가까이에서 선체 내에 숨겨둔 자선을 내려 그 작은 배에 공작원이 승선한 다음 해안가로 접근한다.

이 배에는 6~8명이 탈 수 있으며 속력도 최고 60노트까지 낼 수 있다. 이 배가 해안가 500미터까지 접근하면 다시 준비해온 고무보트로 바꾸어 탄 다음 상륙을 시도한다. 그런데 98년 12월 북한 공작선이 한국 남해안에서 공작원을 자선에 태우고 이동하던 중 한국 해군함정에 발각되어 격침된 사건이 일어났다.

한편 공작선에서 수중 스쿠터와 같은 것을 이용하여 해안에 상륙하는 일도 있다.

90년 10월, 일본 후쿠이현 해안에서 간첩선이 표류하는 것을 발견했으며 특수 스쿠터와 두 사람의 공작원 시체를 가까운 해변에서 찾아냈다. 98년 7월, 한국 동해시 해변가에서 공작원의 시체를 발견했을 때에도 역시 수중 스쿠터의 장비가 있었다.

침투용 소형잠수함에서 육지로 상륙할 경우의 순서는 대략 다음과 같다.

우선 해가 지면 잠항을 한 상태에서 잠수함은 육지에서 0.5 ~1킬로미터쯤 떨어진 곳까지 접근한다. 그리고는 잠망경으로 주위를 살핀 다음 잠수복을 입은 침투조(공작원)가 안내조(상륙보조원)를 따라 바닷물속을 애쿼렁(aqualung : 수중호흡기)으로 헤엄쳐 가서 육지에 오른다.

이들이 입는 잠수복은 우리가 흔히 보는 잠수복과는 달리 옷 위에 그대로 껴입는 것이기 때문에 상륙하자마자 그것을 벗어 버리면 즉시 행동에 들어갈 수 있다.

이렇게 하여 공작원을 상륙시킨 다음 잠수함은 되돌아온 안내조를 승선시킨 후 곧장 현장을 떠나 공해상에 머문다. 그러다가 약속시간이 되면 다시 상륙 지점으로 잠항해 들어가 안내조가 해변가까지 마중나가 침투조를 잠수함으로 데려온다.

여기에서 관심사는 북한의 침투용 잠수함이 일본까지 잠항하는가의 여부다. 아마도 있을 수 있는 일이라고 확신한다.

공작원은 일본에서 어떠한 활동을 하는가?

A 주임무는 정찰활동·정보수집·동조자 확보·일본 경유의 한국잠입 등이다.

현재 일본 내에 얼마나 많은 북한 공작원이 잠입해 있는가 불분명하다. 망명자들의 증언을 종합해 보면 그들이 일본 내에서 하고 있는 활동은 대략 다음과 같다.

① 군사시설 및 유사시에 공격 대상이 되는 산업시설의 정찰활동(미군기지, 자위대기지, 원자력 발전소 등)

② 북한이 필요로 하는 정치, 군사정보의 수집

③ 협력자와 정보제공자의 확보 및 포섭

④ 대공산권(對共産圈) 수출통제 물자의 조달 및 산업정보의 입수

⑤ 일본 경유에 의한 한국 내 잠입

이 밖에도 일부 공작원은 마약이나 위조지폐를 몰래 들여와 유통시킨다. 이같은 활동은 모두가 전쟁에 대비하려는 수단이라고 하겠다. 필자의 취재에 대해 이광수 전 상위(上尉)는 "일본이 미군의 보급기지가 된 이상 공격 대상이 되는 것은 피할 수 없는 일이다. 따라서 당연히 원자력 발전소도 예외일 수 없다"고 단언했는데 일본 내의 모든 정찰활동은 전쟁에 대비하

여 이루어지고 있는 것으로 짐작된다.

일본에 잠입한 공작원에 대해서는 단파 라디오방송을 통해 북으로부터의 암호지령이 내려진다. 지령이 시작되는 시간대는 새벽 1시경부터인데 음악과 음악 사이에 계속 다섯자리의 수가 읽혀지며 그것이 오전 5시까지 계속된다. 이 다섯자리의 숫자는 '누가 무엇을 하라!'는 암호 내용이다. 공작원들은 자신의 암호번호가 나오면 그 내용을 암호해독매뉴얼에 의해 임무내용을 확인하고 곧바로 행동에 옮긴다. 이런 방식 외에 다섯자리 숫자를 단파방송을 사용하여 모스신호로 보내는 방식과 통상의 장파로 보내는 방식도 있다.

지령의 양은 상황에 따라 유동적인데 무엇인가 중요한 일이 있을 때에는 갑자기 증가한다. 앞서 언급한 괴선박 사건이 터졌을 때에는 눈에 띄게 지령의 양이 증가하여 200 가까운 라인에 대해 지령이 내려진 것을 확인할 수 있었다.

신광수의 경우를 보면 일본에 잠입한 공작원은 지시받은 인물과 접선하여 협력을 이끌어낸다. 협력의 대상자는 육친이 북한에 살고 있는 재일교포이다. 만의 하나라도 배신을 하는 날에는 그 육친은 수용소행을 각오해야 하기 때문에 협력을 거부할 수가 없다. 이들은 은신처를 제공해주며 도움이 될 만한 사람을 소개해 주기도 한다. 이렇게 하여 공작원은 자신의 첩보망을 점점 넓혀 나가는 것이다.

Q 5 북한은 왜 한국이나 일본에 공작원을 침투시키는가?

A 북한에는 첩보용 정찰비행기가 없을 뿐 아니라 정보를 제공해주는 나라가 없기 때문이다.

북한이 공작원을 한국이나 일본에 잠입시키는 목적은 다음과 같다.

① 북한에는 P3C나 KH-11과 같은 공중정찰기가 없다.

② 한일 양국은 주한미군이나 주일미군으로부터 정보를 제공받지만, 북한은 중국이나 러시아로부터 정보를 제공받지 못하고 있다.

③ 바다를 사이에 둔 일본에 대해 특수부대를 투입하려면 수송기나 선박이 필요하지만 현재 북한의 실정으로는 그런것이 불가능하다. 따라서 사전에 공작원을 잠입시키는 것이다.

④ 평소에는 첩보원, 유사시에는 테러전사(戰士)로 최대한 활용할 수가 있다(북한의 공작원들은 단순한 스파이가 아니라 유사시에는 강력한 무장 테러리스트로 변신하도록 훈련을 받아 왔다.)

북한이 공작원 침투에 집착하는 가장 큰 이유는 바로 네 번째에 있다고 하겠다. 북한이 일본을 패닉(panic) 상태로 몰아넣을 수만 있다면 미사일이나 핵이 필요없다. 동시 다발적으로 신간센(新幹線) 철도를 각지에서 끊어 버리거나 고속도로를 폭파시키면 일본은 당장 반신불수가 되고 만다.

이같은 테러행위를 실행에 옮기는 것은 그토록 어려운 일이 아니다. 공작원을 2, 3백 명만 침투시켜 놓으면 충분히 가능하다. 일본의 대동맥이라고 할 신간센이나 고속도로는 수백킬로미터까지 뻗어 있다. 그것을 지킨다는 것은 거의 불가능하다. 설사 테러집단을 발견했다 해도 박격포나 바주카포로 대항한다는 것은 현행 법률상 곤란하다. 기껏해야 권총이나 라이플로 맞설 수밖에 업다. 그렇게 되면 승부는 뻔하다.

그보다도 북한이 공작원 침투에 집착하는 이유는 적의 배후를 교란시키는 빨치산 특유의 군사적 의미에 기대를 걸고 있다. 북한은 이미 알려진 것처럼 산속 깊숙이 거점을 마련해 놓고 마을 사람들 틈에 섞여 기습작전을 편다든가 또는 산악게릴라전을 전개하는 빨치산의 전술에 매력을 느끼고 있다. 북한의 혁명제1세대 중진들은 모두가 빨치산 출신이다. 이들의 영향을 받은 김정일은 빨치산을 이용한 강력한 '후방교란작전'을 늘 생각하고 있는지도 모른다.

Q 6 공작원에 대한 한국인화, 일본인화 교육은 어떻게 행해지고 있는가?

A 납치해온 한국인이나 일본인을 이용하여 철저히 1 대 1의 교육을 실시한다.

대한항공기 폭파사건의 범인 중 한 사람인 김현희는 이은혜(일본에서 78년에 납치된 호스티스 다구치 야헤코로 추정됨)와 함께 한방에서 생활하며 일본어를 비롯하여 생활습관을 익혔다는 실화는 너무도 유명하다.

김현희의 말에 의하면, 북한의 공작원이 침투 상대국의 주민이 되기 위해서는 그쪽에서 납치해온 사람을 통해 맨투맨 교육을 받는 것이 기본으로 되어 있다는 것이다.

하지만 일본어만을 유창하게 하려면 북송되어 온 조총련계 일본여성만으로도 얼마든지 가능하다. 그러나 이들 여성들은 이미 현지화가 완료되어 쓸모가 없게 되었다. 즉 말은 일본사람처럼 능란하게 구사한다 해도 실질적인 '일본인화'는 곤란하다는 것이 훈련담당자의 이야기다. 그래서 부득이 납치라는 방법에 의해 참신한 일본인 여성을 강사로 초빙(?)하게 되는 것이다.

이 맨투맨 교육 외에 또 하나의 기발한 교육 훈련방법이 있다. 그것은 서울 거리와 흡사한 모형도시를 지하에 세트로 꾸며놓고 서울에 가지 않고서도 충분히 생활학습을 할 수 있도록 한 것이다.

'이남환경관(한국재현관)'이라고 불리는 이 세트는 평양 근처 용성구의 한 산속에는 10킬로미터나 되는 터널이 뚫려 있고 거기에는 서울의 거리가 완벽하게 재현되어 있다고 한다. 경찰서를 비롯하여 호텔, 환락가에 이르기까지. 그런데 놀랍게도 거기에서 일하는 종업원은 진짜 서울사람이란다. 대충 70명 정도인데 이들 모두가 서울에서 납치되어 온 사람이라고 한다.

부여 침투간첩사건(95년)에서 체포된 김동식이 말하기를 한국에서 20년 전 행방불명이 된 고교생(당시)도 이 '한국재현관'의 슈퍼마켓과 양복점에서 일하고 있다는 것이다.

앞서 말한 안명진도 이 '한국재현관'에서 반년 남짓 학습을 받으며 서울말을 비롯, 제주도의 방언까지 익혔다고 한다.

그뿐만이 아니라 한국의 가요곡 60곡을 가라오케를 통해 배웠는데 가사까지도 암기할 정도로 철저했다고 술회하고 있다.

A '부부간첩' 양성에 주력하고 있다.

공작원에게 있어서 무엇보다 중요한 것은 주위 사람들로부
터 의심을 사지 않는 일이다. 그렇게 하려면 철저히 '현지인'
이 되어야 한다. 이 때문에 말, 사투리까지 익히지만 한국에는
북한 출신자가 많이 살고 있기 때문에 '말'에서 꼬투리가 잡
히는 일은 거의 없다고 한다.

오히려 본색이 탄로나는 것은 평소의 행동 때문이다. 과거일
본은 중국과 전쟁을 하기 직전까지 일본의 특수기관 요원들이
중국에 잠입하여 첩보활동을 하고 있었다. 그런데 어느 첩보원
이 세수하는 모습이 단서가 되어 체포되었다는 에피소드가 있
다.

생활습관의 차이까지 좁히려면 완벽한 적응훈련까지 받지
않으면 안 된다. 똑같은 실수를 범해도 상대방에게 위화감을
주는 사람과 그렇지 않은 사람이 있다. 그것은 사람의 선입관
이 그렇게 만든다. 공작원은 자신의 정체가 탄로나지 않도록
여성과의 짝을 이루는 경우가 많다. 부모나 연인, 부부로 행세
하면 의심을 사지 않고 넘어갈 수가 있다. 그 중에는 현지여성
과 부부로 위장하는 일도 있다. 그 전형적인 예가 신광수의 경

우이다.

신광수는 70년부터 80년 전반까지 일본에서 지하공작망을 구축한 거물 '고정간첩'이었는데 그의 배우자 역할을 해낸 여성은 알코올중독자인 남편과 이혼한 후 아이들과 어렵게 살아가던 재일동포 여성이었다. 신광수는 이 여인을 포섭하여 표면상으로는 성실한 남편이자 선량한 아빠로 위장했다. '간첩' 하면 마치 '007' 영화에 나오는 터프가이처럼 느껴지지만 실제로는 그 정반대격인 사일런트 머저러티(silent majority)의 한 사람으로서 수수하게 생활하는 편이다.

그는 공작선의 상륙 지점을 물색하러 갈 때에는 반드시 동거여인과 동행하여 부부가 단란하게 해변가를 산책하는듯한 인상을 주었다. 그래서 아주 자연스럽게 상륙 지점을 답사할 수가 있었다.

북한 당국도 이 부부간첩의 장점을 충분히 인식했음인지 80년대부터는 '부부간첩' 양성에 무게를 두었다. 78년 여름, 일본에서 남녀 한 쌍이 납치된 사건이 일어났는데 이역시 '부부간첩'과 관련이 있는 것으로 추측된다.

북한 당국이 전술적으로 생각하고 있는 것은, 아예 남녀 간첩을 결혼시켜 진짜 부부를 현지에 침투시킨다는 것이다.

이같은 사실은 97년 11월, 한국에서 '부부공작원'이 체포되면서부터 확실해졌다. 체포된 이들은 조선노동당 사회문화부 소속의 공작원 최정남(35세)과 그의 처 강연정(28세)이다.

이 두 사람은 60년경부터 북한의 지하공작조직의 요원으로 활약하고 있었는데 남한의 유력한 정보원이었던 서울대의 명예교수 고영복을 만나 그로부터 황장엽의 소재를 파악하는 일과, 경북대의 김승권 교수가 품종개량에 성공한 옥수수 종자를 고영복 교수를 통해 입수하는 일, 그리고 침체된 학생운동의 동향을 탐지하는 일 등 매우 중요한 임무를 띄고 있었다. 그런데 이 두 사람이 체포된 것은 참으로 어처구니 없는 일 때문이었다.

어느날 이 두 사람은 한국 재야조직의 활동가 모씨에게 접근 "저희들은 북한에서 온 사람입니다"라고 말했지만 이들 부부의 행동이 너무도 세련되고 자연스러워 북한의 공작원으로 인정받지 못하고 도리어 자신을 시험하기 위한 사람들이라고 오인하고 안전기획부에 '당신들은 재야세력을 모함하기 위해 가짜공작원을 내세워 공작정치를 꾀하고 있다'고 항의했다. 이것이 도화선이 되어 부부공작원은 쉽게 체포된 것이다.

이 부부간첩이 왜 북한사람으로 인정받지 못했을까? 그것은 그들이 걸어온 양성과정을 살펴보면 잘 알 수 있다.

최정남은 대학 졸업 후, 그리고 그의 처 강연정은 고등중학교 졸업 후 공작원 후보로 선발되어 철저한 '한국인화 교육'을 받았다. 이들은 소정의 교육훈련을 마치자 '적성이 있다'는 평가를 받았으며 그후 당국의 명령에 따라 강제결혼을 하게 되었다. 결혼 후 두 사람 사이에는 남혁이라는 아들(92년 1월생)이 태어났다. 그러던 중 96년, 두 사람은 바깥생활에 익숙해지기 위해 반년 동안 중국으로 보내져 실지로 부부생활을 경험하게 되었다. 물론 아들은 북한에 남겨둔 상태였다. 그것은 아들을 인질로 잡아두어야만 안심이 된다는 그들의 방침 때문이다.

다시 이야기는 체포 이후의 상황으로 돌아간다. 이 부부는 안기부로 이송되어 소지품 검사와 신체검사를 받았는데 강의 입술연지통 속에서 자폭용 폭약앰플이 발견되었다.

그리고 취조하는 과정에서 최정남은 체념 상태에서 순순히 심문에 응했지만 강연정은 끝까지 묵비권으로 심문을 거부했다. 다음날 아침 강연정은 화장실에서 질 속에 감추어 둔 독약앰플을 꺼내 자살하고 말았다. 그녀는 아마도 자신이 자폭하면 북에 두고 온 아들이 '혁명유아(革命遺兒)'로서 대접을 받으며 살아갈 것이라는 기대를 품고 자살했으리라 추측된다.

반대로 최정남은 한국에 전향하여 새로운 인생을 살아가는 것도 괜찮은 일이라고 생각했을 것이다.

Q 8 침투공작선에는 어떠한 사람들이 타고 있는가?

A　'침투조' '안내조' '전투조' 그리고 '정치위원'이 타고 있는 듯하다.

①**침투조** : 목표지역에 상륙하여 일정기간 첩보활동이나 정찰활동을 한다. 침투기간은 목적에 따라 수십 년이 걸리는 일도 있다. 장기간 적지에 살면서 첩보활동을 하는 자를 고정간첩이라고 말한다. 이들은 적지에 침입한 후에도 크게 눈에 띨 만한 행동을 하지 않고 현지에 정착하는데 주력한다. 그리고 활동하기 쉬운 신분을 확보한 다음 서서히 지하공작망을 확대해 간다.

또 하나의 타입은 특수 임무를 띄고 일정기간 잠입해 있다가 목적을 달성한 다음 신속히 북한으로 복귀하는 자들이다. 이들은 간첩이라기보다는 전문적인 테러리스트 또는 암살자로 분류되는 일이 많다. 그 전형적인 예가 대한항공기 폭파사건의 김승일과 김현희이다. 하치야 부녀(父女)로 위장한 두 사람은 당 연락부 소속의 테러리스트였다. 83년, 버마의 랭군(현 미얀마)에 잠입하여 전두환 대통령 폭살미수사건을 일으킨 정찰국의 특별공격대원도 여기에 속한다.

정찰국이나 작전부의 공작원들은 단기 잠입형이 많다. 적지에 새로운 군사시설이나 첨단무기가 배치되었거나 했을 때 2, 3일 동안 적지에 잠입하는 경우가 여기에 속한다. 시설물을 카메라에 담아오는 것도 그들의 임무다.

②**안내조** : 이들은 이름 그대로, 공작원을 목적지까지 안전하게 안내하거나 안전하게 귀환시키는 임무를 지녔다. 해상에서 적지로 침투할 경우, 해안에서 2, 3킬로미터 해상에서 침투요원을 반잠수정에 옮겨 태우고 해안선 수백미터까지 접근하면 이번에는 고무보트에 옮겨 태워 안전하게 육지에 상륙시킨다.
　잠수함에 의한 수중침투의 경우 잠수함 밑창에 만들어둔 '수중구(水中口)'에서 수중호흡기인 애쿼렁을 이용하여 해변가로 접근해 간다. 이때 안내조의 조장이 선두를 침투조의 후미를 부조장이 맡는다. 바닷속을 애쿼렁으로 전진할 때는 전원이 한가닥의 밧줄에 의지하여 선두역의 지휘를 받으며 해안으로 헤엄쳐 간다. 만일 해안까지의 거리가 멀 경우는 선두역이 수중추진기를 사용하는 일이 있다. 이렇게 하여 육지에 상륙하면 안내조는 침투조가 벗어놓은 잠수복과 산소호흡기 등을 수거하여 상륙 흔적을 없앤 다음 일단 잠수함으로 귀환한다. 그리고 침투조가 임무를 끝낼 때까지 공해상에서 대기하다가 약속시간이 되면 다시 마중을 나간다.

③**전투조** : 이들은 운항요원을 겸하고 있는데 잠수함의 경우 조타수, 전기기사, 통신사로서 유사시 전투조로 편성된다.

Q 9 트보크란 무엇인가?

A '무인연락비트'를 뜻한다. 이것은 공작원들의 은닉 장소로도 쓰인다.

트보크란, 표적이 되는 큰 나무나 건조물 밑에 구멍을 파고 공작원의 7가지 도구[암호해독용 난수표, 단파 라디오, 무전기, 지도, 암시경(暗視鏡) 등]나 현금, 무기 등을 은닉해 두는 장소를 말한다. 그런데 숨겨놓은 것을 자신이 찾아내어 사용하는 케이스와 동료가 숨겨놓은 것을 자신이 찾아내어 사용하는 경우가 있는데 후자의 경우가 이용가치가 큰 것으로 알려지고 있다.

구체적으로, 공작원이 트보크를 이용하는데 따르는 메리트는 대략 다음의 4가지다.

① 가장 안전하고 확실하게 주고받는 수단이다.

공작원의 업무상 특수한 기기를 많이 사용한다. 그것들을 동료나 후임자에게 다른 사람의 눈에 띄지 않도록 건네주는데에는 이 방법이 가장 안전하고 확실하다.

② 가장 은밀하고 편리한 보관장소다.

공작원은 아지트를 자주 바꾸지 않으면 안 된다. 그때마다 공작도구나 기밀문서를 가지고 다닌다는 것은 매우 곤란하다. 그것도 남의 눈을 피해야 한다. 이런 점에서 트보크를 사용하면 모든 문제가 간단히 해결된다.

③ 만약의 상태가 발생해도 안심할 수 있다.

자신이 사살되거나 뜻하지 않은 사고를 당해도 트보크에 은 닉된 물건은 자동적으로 동료들에게 인계된다.

④ 트보크는 필요에 따라 얼마든지 만들 수 있다.

공작원 중에는 총기, 독극물, 탄약, 폭발물 등을 목적에 따라 사용한다. 따라서 트보크의 필요량도 늘어날 수밖에 없다.

이처럼 공작원이 트보크를 이용하는 메리트는 다양하다. 반면 일본이나 한국에게는 이보다 더 위험한 은닉처는 없다. 실지로 근래 몇 년 사이에 발견된 트보크에서는 가공할 공작기구가 많이 적발되고 있다.

예를 든다면 95년 10월, 한국의 고도(古都) 부여에서 총격전 끝에 놓쳐버린 북한 연락부 소속의 김동식이 사용한 트보크에서는 만년필 모양의 '독총(毒銃)'이 발견되었다. '독총'은 주머니에 고정시키는 만년필 갈고리가 방아쇠 구실을 하는데 가까운 거리에서 표적물을 향해 이 갈고리를 누르면 독이 묻은 탄환이 발사되는 구조로 되어 있다. 그리고 '독침'은 미국제 고급볼펜의 뚜껑을 비틀면 독침이 발사되는 구조로 되어 있는데 날아간 독침이 옷을 뚫고 들어가 피부에 약간의 상처를 입혀도 상대방을 즉사시키는 무서운 흉기인 것이다.

Q 10 북한 공작원의 살상능력은?

A 매우 높은 수준이다. 특히 암살전문가는 22구경 권총을 사용한다.

김정일의 전처 성혜림의 조카인 이한영이 97년 2월 암살되었다. 이 테러를 감행한 자는 북한에서 밀령을 받고 잠입한 최승호라는 암살전문가인데 그는 북한에 복귀한 후 '공화국영웅' 칭호를 받았다고 귀순간첩 최정남은 증언하고 있다.

이한영은 오랜 세월 김정일의 관저(15호 관저)에서 살면서 소위 왕실가족으로서 특별대우를 누려왔다. 그러다가 '황태자 김정남'의 제네바 유학 때 그의 측근으로 수행했다가 82년 가을, 한국에 망명한 인물이다. 거기에다 김정일의 전처 성혜림 망명공작의 조종자로도 알려지고 있다.

북한 당국이 이 배신자를 불쾌하게 여긴 것은 두말할 것도 없다. 그것이 암살의 직접적인 동기인지, 아니면 황장엽 망명에 대한 '본때'를 보여주기 위한 것인지는 확실히 알려지지 않았지만, 어쨌든 최승호라는 암살전문가에게 이한영을 없애버리라는 지시가 상부로부터 떨어져 해치운 것이 틀림없다고, 같은 연락국에 소속되어 있던 최정남의 증언은 신빙성이 높다고 하겠다.

저격수 최승호는 평양의 '3호 청사'에 있는 상사로부터 '2

월16일에 결행하라!'는 지시를 받고 한순간 긴장에 휩싸였을 것이다. 왜냐하면 2월 16일은 김정일의 생일이기 때문이다. 이날에 이한영을 살해한다면 더 없는 생일선물이 되기 때문이다.

그런데 그 임무를 최승호는 확실히 해내었다.

당시 이한영은 아내와 이혼을 한 직후였는데 갈 곳이 없어 대학시절의 친구 맨션에서 지내고 있었다. 마침 이한영의 행방을 쫓던 최승호는 그의 거처를 찾아내어 2월 16일 밤 동료 공작원과 함께 맨션 근처에 잠복하고 있었다. 마침 외출중이었던 이한영이 엘리베이터에 오르는 순간 쏜살같이 달려들어 도망치려는 이한영을 엘리베이터에 밀쳐 넣은 다음 그의 양미간에 권총을 겨누었다. 역시 암살전문가 다운 솜씨였다. 최승호가 사용한 권총은 체코제 22구경 권총이었다. 거기에다 소음장치를 장착한 탓으로 풍선이 터지는 정도의 소리밖에 나지 않았다. 이한영의 얼굴에는 아무런 손상도 없었다. 그 까닭은 최승호는 탄환이 두개골을 관통하지 않도록 하기 위해 22구경 권총을 사용했던 것이다.

그의 노림수대로 납탄은 대뇌 한가운데에 박혔다. 이 때문에 이한영은 10일 동안 생명연장장치로 생명을 유지하다가 결국 죽고 말았다.

암살전문가 최승호는 무사히 임무를 마치고 북으로 귀환했다가 얼굴을 성형수술 한 뒤 다시 한국으로 재잠입했다는 말이 있다.

Q 11 북한 정찰국의 '잠수함 전략' 은?

A '무력통일'을 굳게 믿으며 전투원에 의한 '대남 침투'를 획책하고 있다.

북한 정찰국에 관해서는 지금까지 베일에 가려진 부분이 많았으나, 96년 9월 18일 강릉 앞바다에서 잠입을 강행하려다가 좌초된 북한 잠수함의 승무원 이광수 전 상위의 증언에 의해 많은 사실들이 밝혀졌다.

이 '잠수함 좌초사건'으로 전투원과 공작원 25명 중 11명이 자결하고, 나머지는 한국군과의 총격전 끝에 사살되었다(이 중 도주한 한 사람의 생사는 확인되고 있지 않지만 아마도 동사한 것으로 추정된다).

필자는 이 사건이 일어난 지 약 1년 후, 보석으로 풀려난 이광수를 만나, 정찰국의 실태에 관해 직접 대화를 나눌 기회를 가졌다. 다음은 그의 증언 내용을 요약한 것이다.

① 인민무력부 정찰국의 해상침투 기지

정찰국의 해상침투 기지는 함경남도 낙원(옛이름은 퇴조)에 있는 제3기지와 서해안 남포에 있는 제2기지 등 두 개이다.

95년 7월, 정찰국은 제3기지의 3개편대 중 1개편대를 떼어내어 함경남도 용혼리에 22전대를 창설하고, 잠수함에 의한 수중 침투를 전담시켰다.

자신들이 침투한 잠수함은 바로 22전대 소속의 침투용 잠수함으로써 동 전대에는 똑같은 타입의 잠수함 4척과 잠수정 1척을 보유하고 있다.

② 침투용 잠수함

통상 잠수함에 의한 침투의 경우, 잠수함에서 공작원 또는 안내원을 선체 밖으로 내보낼 때는 해치를 열고 내보내야 하기 때문에 일단 수면 위로 잠수함이 떠오르지 않으면 안 된다. 이렇게 되면 적에게 발견될 위험성이 높아 정찰국에서는 90년대 초부터 함경남도 신포의 '폰데보일러공장'에서 침투용 잠수함 제작에 들어갔다. 이 잠수함은 해상에 떠오르지 않고 바닷속에서 탈출할 수 있도록 수중출구가 설치되어 있다.

정찰국은 이 침투용 잠수함을 22전대에 4척을 배치했는데 그 중 한 척이 강릉 해안에서 좌초되었다.

③ 1,000톤급 침투용 잠수함

96년 22전대는 1,000톤급 침투용 잠수함의 건조 필요성을 정찰국장에게 건의하여 승인을 얻어냈다. 현재 '폰데보일러공장'에서 제작중인데 이 배가 만들어지면 승무원 50명, 공작원 30명 합계 80명이 탈 수 있다. 이에 따라 22전대는 1개편대를 더 증설하게 되었는데 정찰국은 96년 5월경부터 해군을 통해 인원을 선발하고 있다.

④ 해상 요원에 대한 혹독한 훈련

'대남 침투'에 나서는 해상요원은 단순한 승조원이 아니라, 특수임무를 띤 전투요원이다. 이 때문에 잠수함 탈출훈련과 복귀훈련, 야간 전투훈련과 격투훈련까지 다양하게 실시되고 있다. 특히 고된 훈련을 든다면 무더운 여름철에 무거운 모래부대를 등에 짊어지고 산악지대를 천리(400킬로미터) 가량 강행군하는 일이다. 물론 정해진 시간 내에 목적지에 도달해야 한다.

자동소총, 권총, M16소총 등을 이용한 사격훈련은 매일 실시된다. 이 밖에 방사포, 대전차로켓포의 발사훈련도 한 번에 1시간 내지 2시간 정도 실시한다. 특히 안내조에게는 사격훈련이 중시되고 있어 한주에 두 세번은 1회 30발씩 실탄사격을 실시하고 있다.

⑤ 정찰국 요원에 대한 자폭교육

"적지에 잠입하여 활동하다가 잡히면 비밀을 넘겨주고 결국은 살해된다. 붙잡혀 죽는 것보다는 오히려 항일유격대원처럼, 조국해방전쟁(6.25전쟁)의 영웅처럼, 무조건 자폭하여 죽으라" "적과 조우했을 때는 최후의 죽음을 위해 총알 한발을 남기든지, 아니면 남아 있는 수류탄으로 자폭을 행하라. 적지에서 자폭하면 동무의 이름은 영원하기 때문에 공화국과 가족에게 큰 영예가 된다"고 가르치고 있다.

⑥ 전쟁에 대한 인식

92년경, 김정일 서기는 "90년대는 조국 통일의 시기다. 평화적인 방법으로는 통일이 불가능하다. 그러므로 무력으로 통일하지 않으면 안 된다"고 교시하고 있다. 그 교시에 의해 정찰국에서도 회의나 학습시간을 이용하여 '김정일 동지의 유일한 염원은 무력통일이다. 각자 싸울 준비를 하라! 항상 긴장하여 싸울각오에 임하라!'고 강조해 왔다. 특히 정찰국 내에서는 누구나 남북간의 전쟁은 불가피하며 일단 전쟁이 일어나면 북한이 반드시 이긴다는 신념을 갖고 있다.

⑦ 잠수함 승조원의 격리생활

정찰국은 대남 침투에서 돌아온 잠수함 승조원에 대해 기밀누설을 두려워하여 최소한 한달에 한 번 정도 보안교육(선함 보위부가 담당)을 실시하여 외부에의 기밀유출을 막고 있다. 잠시 집에 다녀올 때는 잠수함 전대(戰隊) 작전과에서 발행하는 출입증명서를 휴대하지 않으면 안 된다.

인터뷰 마지막에 필자는 이광수에게 '전쟁을 무섭다고 생각해 본 적은 없는가' 라고 물어보았다. 그랬더니 그는 이렇게 대답했다.

"죽음을 각오한 자는 결코 진다는 생각을 갖지 않는다. 그리고 죽음을 각오하는 사람에겐 두려움이란 있을 수 없다.─이같은 교육을 받아왔기 때문에 동료들도 나와 똑같은 생각을 갖고 있다' 고.

96년 9월 강릉 앞바다에 좌초한 정찰국 소속의 잠수함(사진제공 : 동아일보.)

잠수함 좌초사건 때, 11명의 승무원이 본부로부터의 지령으로 집단자살했다(사진제공 : 동아일보.)

Q 12 첩보잠수함의 강점과 약점은 무엇인가?

A 바닷물 속에서 공작원을 내보내는 것이 강점이며, 밥을 먹지 못하는 것과 추운 것이 약점이다.

첩보잠수함의 약점은 식사를 만족하게 취할 수 없다는 점이다.

96년의 '북한 잠수함 좌초사건' 때 살아남은 이광수가 타고 있던 잠수함은 구 소련제인 전장 76미터의 위스키급 잠수함을 35미터로 줄인 것이다. 그래서 균형이 불안정하고 함 내에 있는 사람이 움직일 때마다 함체가 기우뚱거리는 결함이 있었다.

이 때문에 화장실에 가는 것조차도 상관의 허락을 받아야 할 정도다. 그래서 화장실 가는 것을 줄여야 하며 그렇게 하기 위해서는 식사의 양과 횟수도 줄이지 않으면 안 된다. 이광수의 경우 식사는 하루 한 번 아니면 두 번 정도이고, 칼로리 섭취량도 하루에 1,000칼로리를 공급받는 것이 고작이었다고 한다.

다음은 함 내가 지독히 춥다는 것이다. 첩보잠수함은 적의 음파탐지를 피하기 위해 동력을 디젤엔진에서 소리가 나지 않는 배터리로 바꾸고 시속 3노트(5.4킬로미터)의 저속으로 잠항 항진한다.

거기에다 배터리 수명을 연장하기 위해 실내 난방용 히터도 꺼야 한다. 따라서 함 내는 무척 추운 상태가 된다.

그 대신 첩보용으로 만들어진 잠수함의 장점은 무엇일까?

첩보잠수함은 비록 몸체는 작지만 많은 사람이 탈 수 있도록 어뢰발사장치를 떼어냈으며 바닷물 속에서도 해상으로 나올 수 있도록 수중구가 마련되어 있다는 것이다.

그런데 98년 6월, 동해시 바다에서 일어난 잠수함 사건에서는 그것이 도리어 재앙을 불러들였다. 북한의 유고급 잠수함이 한국의 꽁치잡이 어선의 어망에 걸려 발각되었는데 그 때 바다 위에 시체가 떠오른 것을 기억할 것이다. 그 까닭은 바다 깊숙이 잠항해 있던 잠수함이 어망에 걸려 급부상하는 바람에 승조원 모두가 심장마비를 일으켜 죽었던 것이다. 아마도 그들은 수중에서 발생할지도 모르는 쇼크사까지는 전혀 예측을 하지 못했던 듯하다.

그물에 걸려든 북한 잠수함을 보고 '멍청한 놈들!' 하고 비웃는 사람도 있었겠지만, 실은 그것은 그들의 지능적인 술책이었다. 즉 한국 어선들이 무리를 지어 고기잡이하는 근처에 바싹 접근하면 한국의 음파탐지기에 걸려들지 않고 잠항 활동을 할 수 있었기 때문이다. 물론 그와 같은 잔꾀에 스스로 걸려든 결과가 되었지만.

Q 13 한국의 국방·공안 관계자를 놀라게 한 북한 공작원은 누구였는가?

A 아랍계 필리핀인 대학 조교수 무하마드 알리 캉스였다.

96년 7월, 서울 시내의 한 호텔에서 한국의 기밀정보를 북한 첩보기관인 '대외정보조사부'에 FAX로 송신하려던 공작원이 현행범으로 체포되었다. 체포된 자는 아랍계 필리핀 국적을 가진 단국대 사학과 조교수 무하마드 알리 캉스였다. 그는 동서 문화 교류에 관한 논문을 신문, 잡지 등에 많이 발표했으며, 걸프 전쟁 때는 TV에도 자주 출연하여 한국인에게는 꽤 알려진 유명인이었다.

그 동안 국내에서 체포된 북한 공작원은 많았지만 그처럼 완벽하게 외국인으로 신분을 위장하고 거기에다 사회적으로 유명인 행세를 한 사람은 없었다.

캉스는 34년 연변(중국 조선족 자치주)에서 태어난 조선족의 아들로서 본명은 정수일이라고 했다. 초등학교, 중학교, 북경대 아랍어 학과까지 수석을 놓치지 않은 수재였는데 그는 중국 정부의 유학생으로 이집트의 카이로 대학 아랍문학과에 진학했다. 그리고 졸업 후에는 모로코 주재 대사관의 2등 서기

관에 임명되었다가 63년 북한에 입국하자 곧바로 평양국제관
계대학과 평양외국어대학의 교수로 영입되었다.

74년 노동당 '대외정보 조사부'에 의해 캉스는 공작원으로
차출되었다. 그후 캉스는 간첩양성소에서 4년 동안 훈련을 받
은 뒤 79년 1월, 내란사태로 국적 취득이 용이한 레바논 국적
을 취득하여 한국에 잠입하게 되었다.

곧 캉스는 실제의 레바논인 '무하마드 알리 캉스' 명의의
국적 취득에 성공했다. 그러나 레바논 국적으로는 한국 입국이
위험하다고 판단하여 84년, 아랍계 필리핀인으로 위장한 후 이
슬람 선교이사회 사무총장의 추천을 받아 필리핀 국적을 취득
했다. 그리고는 말레이시아 대학에서 한국어를 가르치는 김 교
수에게 접근하여 그의 주선에 의해 마침내 연세대 어학당 입
학에 성공했다. 한국어의 기초를 배우는 어학당에 필리핀인으
로 가장한 북한인이 입학한 것이므로 당연히 성적은 뛰어날
수밖에 없었다. 캉스는 어학당을 수료하기가 바쁘게 단국대의
권유를 받아 사학과 조교수로 들어가게 되었다.

그는 대학 조교수라는 합법적인 신분을 최대한으로 이용하
여 정계, 재계, 군사관계자들에게 접근하여 유력한 정보를 얻
어내기 시작했다. 캉스는 체포 당시 60세(호적상은 50세)였으
며 그의 신분은 노동당 대외정보조사부에 소속되어 있었다. 그
는 무려 12년 동안 한국의 기밀정보를 북한에 유출시켰다. 캉
스는 징역 15년형을 받고 현재 대전형무소에서 복역중이다.

Q 14 북한의 특수부대는 얼마나 강한가?

A 정말 강하다. 원자폭탄보다도 강력한 부대일지도 모른다.

96년 잠수함에 의해 침입한 북한 무장간첩은 한국의 블랙베레, 미국의 그린베레, 영국의 SAS, 프랑스의 외인부대, 독일의 GSG-9 등과 실력을 겨룰 수 있는 강력한 특수전부대의 요원이라는 것이 증명되었다.

우선 놀라운 것은 이들 특수전부대원의 숫자이다. 현재 이들 병력수는 10만 명 이상이라고도 말하는데 이같은 병력 규모는 정규군의 12%에 해당한다. 이 수효는 세계적으로도 드물다.

그러면 왜 북한은 특수전부대의 육성에 힘을 쏟고 있는 것일까? 그것은 이미 사망한 김일성 주석이 빨치산 출신이었다는 점을 생각하면 된다. 69년 1월 6일, 군과 당의 전원회의에서 김일성은 "경(輕)보병이 적의 후방을 파고 들어가 작전하면 원자폭탄보다도 더 강력하다"고 역설한 적이 있다.

이것은 김일성이 최첨단 무기에 의한 근대전보다도 한반도의 자연조건을 교묘히 이용하여 게릴라전과 정규전을 절충한 전략을 염두에 두고 있다는 것을 말해준다. 실제로 북한은 정규전과 게릴라전, 대부대와 소부대, 근대무기와 재래식무기를 알맞게 혼합한 전술을 발전시켜 왔다.

　그만큼 중요한 특수부대 내에서 중심적인 역할을 담당하는 곳이 인민군 총참모부 산하의 정찰국과 교도대지도국이다.

　①**교도대지도국** : 특수부대 전체의 전력을 강화하기 위해 91년 총참모부 직속의 조직으로 발족되었으며, 현재 국장(군단장)인 임태영 상장(上將) 이하 5만 명의 병력을 갖고 있는 최정예 부대이다.

　교도대지도국은 저격여단, 경보(競步)여단, 항공육전여단, 공군저격여단으로 구성되어 있다.

　②**저격여단** : 전쟁이 일어나 정찰대대가 작성한 지도를 근거로 선봉에서 적지에 잠입하여 미사일 기지 등의 군사시설을 파괴하여 산업, 공공시설을 신속히 점거하는 임무를 띠고 있다. 황해남도 신원에 주둔해 있는 저격여단은 한국 내 지대공 미사일 기지와 원자력 발전소 등의 공략을 목표로 하고 있다.

　③**경보여단** : 유사시 배후를 공격해오는 미군이나 한국군의 낙하산부대를 요격한다. 평상시에는 평안북도의 희천이나 함경남도 함흥에 주둔하여 매일 초인적인 훈련에 여념이 없다. 보통 30킬로그램 이상의 군장비를 짊어지고 줄곧 6시간 이상 강행군한다. 2, 3일 동안 한숨도 자지 않고 160킬로미터 이상을 걷는 것은 여간 힘든 일이 아니다.

　④**항공육전여단** : 적진 후방에 낙하산을 떨어뜨려 우군 주력부대가 도착할 때까지 점령지역을 확보하는 것이 임무이다.

특히 적지에 침투할 때는 레이더에 포착되지 않도록 안토노프 2를 사용하여 저공비행을 할 때도 많다. 위험하거나 중요한 임무를 완벽하게 수행하도록 하기 위해 항공육전여단의 대원에게는 자동소총과 실탄 300발, 그리고 탄창 4개, 수류탄 4개가 지급된다.

⑤**공군저격여단** : 한미연합군이 사용하는 비행장, 레이더, 관제시설, 지대공미사일 기지 등을 습격하여 북한 공군기의 작전영역을 확보하는 것이 주된 임무이다. 이 부대가 태어난 배경에는 6.25전쟁 때 순식간에 제공권을 빼앗긴 쓴 경험이 뒷받침 되었다고 한다.

경보여단에는 12명 단위로 편성된 분대와 40명 단위로 편성된 소대가 있다. 그리고 130명 단위의 중대, 500명 단위의 대대가 있다. 항공육전여단과 공군저격여단은 분대 8명, 소대 25명, 중대 80명, 대대 500명으로 편성되어 있는데 1개여단은 3,500명이다.

특수부대의 사상교육은 철저히 행해지고 있으며, 중요한 행사가 있을 때마다 '친애하는 김정일 동지의 명령이라면 폭탄을 안고라도 기꺼이 적진에 뛰어들겠다'는 요지의 충성문을 쓰는 일이 일상화되어 있다. 이같은 철저한 정신무장이 '죽음을 두려워하지 않는 전사'를 만들어내고 있다. 특히 교도대지도국 소속의 부대에 대해서는 한국군으로 위장하는 훈련도 실시 하고있다. 그리고 교관들 모두가 한국 출신의 망명자로 구성되어 있다.

Q 15 북한 군용품에 일본제가 많다는 것이 사실인가?

A 그렇다. 유명 메이커의 제품이 많다.

아이러니컬한 이야기지만, 일본을 위협하는 북한군 무기에는 일본의 제품이나 부품이 많이 섞여 있다. 그것을 증명한 것이 98년 6월, 한국 동해안에서 어망에 걸려 나포된 잠수정의 부품과 계기(計器) 일부이다. 거기에는 '메이드 인 저팬'이라고 선명하게 찍혀 있다. 과거 인민무력부 군사건설국에 소속되어, 군용 지하활주로 건설에 투입되었던 임영선 중위(93년 8월 한국에 망명)의 증언을 들어보기로 하자.

—코콤(COCOM)*에 대해 들은 적이 있는가?

미국이 북조선을 고립시키기 위해 몇 개의 품목을 북한에 수출해서는 안 된다는 결의를 했다. 미국이 이처럼 악랄하게 북조선을 고립, 봉쇄, 압살시키려고 하니까 우리들은 일어서지 않으면 안 된다고 교육받았다.

—코콤이 규제하는 나라의 기술 중 어느 나라의 것이 손쉽다고 생각하는가?

기술을 흉내내기가 쉬운 것은 역시 일본의 것이라고 생각한다.

―군 장비로 사용되는 외국제품은 얼마 정도인가?

무전기는 대부분 일본 제품을 사용하고 있다. 군사용으로 구입하려고 하면 코콤의 규제에 저촉되므로 주로 어선용 명목으로 들여오고 있다.

―차량은 어떠한가?

우리 군사건설국에서 사용하는 중량차의 80%가 일본제이다. 고사포 운반차량도 일본제이며 건설작업 기재도 일본제이다. 북한에서 생산하는 가장 성능이 좋은 수송차량은 '신태백'인데 그 차의 디젤엔진도 일본제이다. 엔진만 일본에서 들여와 평양에서 조립한다. '신태백'은 공병부대만이 아니라 전투부대에서도 사용하고 있다. 수송용 중량급 차량은 북한에서 생산된 '승리58' 대신 한때 소련제 '지르'가 사용된 적도 있다. 그후 소련이 공급을 중단하여 일본제로 대체했다. 공군육전대나 특수부대에서 사용하는 차량도 대부분 일본제로서 핸들이 오른쪽에 장착되어 있다.

―군사건설국에서 사용하는 일본제의 중장비는?

기중기, 불도저, 덤프카, 롤러, 터널굴삭기 등이다. 만일 일본제가 아니면 군사건설국은 어떠한 공사도 할 수 없다. 소련제, 중국제도 있지만 소련제는 3년밖에 쓰지 못하고 중국제는 마력이 떨어진다. 그러나 일본제는 힘도 좋고, 성능도 탁월하다. 일본제 불도저가 두 대만 있으면 2주일 내에 활주로를 완성시킬 수가 있다.

—엔진오일이나 배터리 등도 일본제인가?

자동차의 배터리는 전부 일본제이다. 건전지는 일본에서 만들어진 것이 들어오고 있지만 일본에서 원료를 구입하여 북한 공장에서 제조하는 것이 많다. 성천군에 지하건전지 공장이 있는데 그곳에서는 70년대부터 일본에서 원료를 도입하여 제조해 오다가 85년경, 일본과 10년치의 원료를 일괄 구입하기로 계약했다. 그러나 도입된 원료는 불과 수년 사이에 다 동이 나버려 다시 일본에 발주했는데 이때는 종전 것보다 훨씬 가벼운 원료가 개발되어 그것을 도입하여 다른 종류의 건전지를 생산하고 있다. 이 특제품은 일반 소비용으로 공급되지 않고 전시 비축용으로 저장된다는 말이 있다.

—건설공장에서 사용하는 장비도 일본제인가?

북한에 있는 우수한 기재는 거의 일본제이다. 특히 금은 외화획득의 수단이 되기 때문에 금광의 설비는 컴프레서를 비롯하여 리어카에 이르기까지 100% 일본제다.

---

* 코콤이란 49년 무기 등의 수출을 규제하기 위해 NATO 가맹국을 중심으로 설립된 '대 공산권 수출통제 위원회'이다. 94년에 해산되었는데, 96년에 신(新)코콤이 발족했다.

Q 16 북한의 위조지폐 사업의 실상은?

A 위폐는 북한 내에서 만들어질 가능성이 높다. 그리고 위폐는 외교관에 의해 진권과 바꿔치기 한다.

북한 당국은 '위폐'와 '마약'을 밀수출하고 있다. 위폐 중 '슈퍼K' 또는 '슈퍼노트'라고 불리는 위조달러는 육안으로 판별하기 어려울 정도로 정교하게 제조되어서 미국은 북한 내에서 제조될 가능성이 높다고 보고 있다.

북한의 위폐 제조 의혹이 불거진 것은 80년대 중반의 일이다. 위폐를 만들어내는 까닭은 외화부족을 충당하기 위한 수단인데 특히 군수산업의 자금 확보가 주된 이유이다.

강성산 전 총리의 사위 강명도의 증언에 의하면 위폐 제조의 거점이 판명된것 만도 3개소에 이르고 있다.

그 중 한 곳이 평양 근처에 있는 '평손상표공장'이다. 이 공장은 북한의 지폐와 각종 수출품의 상표를 인쇄하는 곳인데 조폐국과 같은 기능을 가지고 있다. 공장의 종업원은 약 1000명정도로서 전원이 공장 내 아파트에 살고 있으며 외부와는 완전히 차단된 생활을 하고 있다.

나머지 두 개의 거점은 '2월 은빛 무역회사'와 '101연락소'

이다.

'2월 은빛 무역회사'는 91년 2월, 김정일의 지시로 설립된 사회안전부 산하의 기관인데 주로 위조달러와 외국의 유명한 술과 담배의 위조상표를 인쇄하고 있다. 본부는 평양에 있으며 종업원은 약 20명 정도이다.

'101연락소'는 조선노동당의 대남공작을 담당하는 통일전선부가 60년대에 설립한 것으로서 인원은 약 2,000명 가량 된다. 여기에서 제조된 위폐는 주로 해외에서 활동하는 간첩공작의 자금으로 사용되고 있다.

이들 공장에서 제조된 대량의 위조달러는 해외에 파견된 간첩이나 북한 외교관의 손에 의해 진권으로 바뀐다.

일본에서는 97년 6월, 도미야마에서 930매의 위조 100달러 지폐가 수거되었으며 주범격으로 보이는 북한의 한 사나이가 국제적으로 지명수배를 받고 있다. 또 같은해 8월에는 고베항에 입항한 북한 선적의 화물선으로부터 위조달러지폐 20매가 압수되었다. 그러나 발각된 것은 극히 일부분에 지나지 않았으며, 이 밖에도 상당량이 유통되고 있을 것으로 추정된다.

북한은 심각한 외화 부족을 덜기 위해 위폐를 대량으로 찍어낸다는 소문이 나돌고 있으며 해외로부터 최신인쇄기와 특수 잉크까지 구입하여 품질개선에 노력하고 있는 듯하다.

 북한은 왜 쓰레기 비즈니스를 하는가?

A 외화와 식량 확보가 목적이다.

외화 부족에 시달리는 북한이 최근 적극적으로 추진하고 있는 것이 '쓰레기 비즈니스' 이다.

이것은 북한의 정무원·경공업위원회가 중심이 되어 추진하고 있는데 주로 산업폐기물 문제로 골머리를 앓고 있는 선진국으로부터 위험도가 높은 유해 폐기물을 수입하여 그 대금으로 외화 부족을 메우고 있다. 폐기물의 수입상대국은 프랑스, 독일 등 유럽 여러 나라들을 비롯 대만, 그리고 일본 등인데, 북한으로 반입되는 쓰레기에는 폐(廢)배터리, 폐타이어, 폐유, 알미늄 찌꺼기 등 선진국에서 처분하기가 곤란한 골치덩이뿐이다.

한국 정보 당국의 내부자료에 의하면 북한은 유럽 각국과 2004년까지 톤당 200달러 정도로 매월 1톤 이상의 산업폐기물을 인수하는 계약을 체결했다고 한다. 또 대만으로부터는 산업폐기물과 의료폐기물 그리고 금속으로 오염된 잔토(殘土) 등이 반입된다고 한다.

대만과는 97년, 원자력 발전소에서 나온 의복과 잔토 등을 받아들일 계약을 체결했지만, 한국과 중국의 강경한 반대에 부딪쳐 아직까지 실현에 옮기지 못하고 있다.

일본에서 반입되는 폐기물은 주로 알미늄 찌꺼기와 폐타이어이다. 일본으로부터 북한에 반입되는 알미늄 찌꺼기는 95년에는 약 8,600톤, 96년에는 약 14,000톤, 97년에는 약 16,000톤 이렇듯 해마다 증가일로에 있다. 폐타이어의 경우 95년에는 약 78,000개, 96년에는 약 169,000개, 97년에는 724,000개로 급증하고 있다. 사업폐기물 처분장소의 부족으로 고민하는 일본과 수단 방법을 가리지 않고 외화를 획득하려는 북한과의 이해관계가 맞아 떨어진 결과라고 하겠다. 또 일본으로부터 중고품 빠찡코대와 가전제품 등도 대량으로 반입되는데 이런 기계에 장착된 전자부품은 북한에게는 대단히 소중한 것들이며, 그 일부가 군사기기에 쓰여진다는 정보도 경시할 수가 없다.

이와 같은 산업폐기물은 대부분 항만 근처에 방치되거나 산계곡 등에 적당히 버려지고 있어 부근에 살고 있는 주민들이 악성 피부염과 이상출산 등의 피해가 발생되고 있다고 한다.

한편 한국측은 북한이 군사경계선 부근에 의도적으로 산업폐기물과 의료폐기물을 버려 수맥을 오염시키는 '환경테러'를 기도하고 있지 않나 하는 의구심을 나타내기도 한다.

2

핵개발의
실체는 이렇다

북한이 만들어놓은 지하터널

Q **1** ## 북한은 왜 핵을 개발하는가?

A 가장 큰 동기는 미군의 '핵 위협'에 대항하기 위해서이다.

북한이 핵무기 개발의 기초가 되는 원자력 연구를 시작한 것은 60년대 초의 일이며, 65년에는 구소련과 원자력 연구 협력협정을 체결했다. 그후 김일성종합대학과 김책공업대학에 원자력 공학과를 개설하고, 소련에 많은 유학생을 파견했다. 한편 64년 중국이 핵실험에 성공하자 그곳에 연구생을 보내 핵무기 관련 정보를 정열적으로 수집했다고 한다.*

북한이 핵개발에 대해 구체적인 검토에 들어간 것은 대체로 76년경으로 추정된다.

동기는 다음의 3가지이다.

①한국에 미국의 핵무기가 대량 배치되어 있다는 사실이 판명되었다는 점.

76년 1월, 미국의 리버럴계(liberal) 민간조직인 국방정보센터의 라록크(전 해군장성)는 한국에 600발 이상의 핵무기가 배치되어 있다고 발언했다. 이 사실은 북한을 두려움에 떨게 만들었다. 이 발언은 매우 과장된 수치이긴 하지만 레이건 정권의 전 고관의 증언이라는 점에서 주목할 만 한 것이었다. 어쨌든 80년대 초기에 한국에 150개의 전술핵이 배치되어 있다는 사실을 북한은 이미 감지했다. 핵무기가 집중 배치된 곳은 대부분 오산공군기지로서 F16탑재용 핵폭탄이 60, 거기에다 8인치 핵포탄이 40, 155밀리미터 핵포탄이 30, 핵지뢰가 20이라는 내역이었다.**

②한미합동 군사연습(팀스피리트)이 바로 그해에 발족되었다는 점.

베트남 전쟁에서 뼈아픈 패배를 맛본 미국은 북한의 남침에 대비하여 9일 동안에 북한을 제압하는 군사행동 플랜을 작성***하고 이에 따라 한국군과 합동으로 대규모 군사연습을 시작했다. 이 연습은 그후 관례화되어 93년까지 계속되었다.

③당시의 슐레진저 국방장관은 "(한반도 유사시에는)상대방의 심장부를 강타한다. 그럴 경우 우리들은 전술핵을 포함한 어떠한 옵션도 취할 것이다"라고 핵의 선제 사용도 고려할 수 있음을 시사했다는 점.

미국은 베트남 전쟁의 패인을 핵무기는 절대로 사용하지 않는다, 하노이를 공격하지 않는다, 미 지상군이 17도선(남북국경선)을 결코 넘지 않는다라는 '3가지 제약' 때문이라고 분석, 제2차 한국전쟁이 일어날 경우 이 '3가지 제약'을 철폐하기로 결정했다. 슐레진저의 발언은 '베트남 다음의 조선'이라는 슬로건을 내걸고 군사적 수단에 의한 통일을 겨냥하는 북한에게 큰 압박감을 주었다.

④한국과의 군비확장 경쟁에서 북한이 열세에 몰린 것도 핵개발에 나선 동기의 하나이다.

76년의 시점에서, 한국의 군사예산은 1억6천만 달러인데 비해 북한은 2억2천만 달러로서 한국보다 6천만 달러나 웃돌고 있었다. 그러나 한국이 76년에 군비증강 5개년 계획을 수립함으로써 역전은 거의 시간 문제였다. (실지로, 81년에는 한국의 방위예산이 2억5천만 달러인데 비해 북한은 2억3천만 달러에 그쳐 사실상 역전이 되고 있다.)

북한은 이와 같은 상황을 감안하여 한국보다 우위에 설 수 있는 핵무기 개발에 착수한 듯하다.

⑤북한으로 하여금 핵개발에 몰두하게 한 원인은 미국과 중국의 국교수립이다.

북한은, 미국이 중국에게 미소정책을 쓰는 까닭은 중국이 대량 살상무기 개발에 성공한 탓이라고 판단했다. 중국은 64년 핵실험에 성공했으며, 70년에는 인공위성까지 쏘아올리는데 성공했다. 이로써 중국은 핵탄두를 탑재시킨 ICBM(대륙간 탄도미사일)을 미 본토를 향해 발사할 수 있는 능력을 지니게 되었다. 이런 것들이 미국과 중국의 외교수립을 가능케 한 배경이라고 북한은 확신하게 되었다.

이렇게 하여 북한은 하루라도 빨리 '독자적인 핵'을 소유해야겠다는 강한 의욕에 사로잡히게 되었다.

'팀스피리트' 훈련에서 상륙연습을 실시하는 한미연합군

---

* 한국원자력연구소가 93년 7월에 발표한 북한 원자력 발전에 관한 자료
** 레이건 정권하에서, 정책입안 담당 대통령 특별보좌관을 지냈던(81~82년) 더
  그 번더우가 외교지〈'포링폴리시'〉(1989~90년 동계호)에 기고한 논문
*** 플랜 입안 책임자는 한미합동군의 호링그스워스 제1군단장이었다.

Q2 북한은 이미 핵을 보유하고 있는가?

A 갖고 있다. 원료도 기술도 충분히 확보하고 있다.

미 CIA는 클린턴 대통령에게 93년, '북한은 한 두개의 핵폭탄을 개발할 가능성이 있다'고 보고했다. 한편 미 국방성도 94년 페리 장관(당시)의 TV토론 프로그램을 통해 '북한은 이미 두 개의 핵무기를 보유했으며, 연간 10개 정도의 핵폭탄을 제조하기 위해 개발계획에 착수했다'고 말했다. 특히 공화당의 견해는 북한은 이미 4, 5개 정도를 보유하고 있을 것이라고 단정했다.*

또 북한에서 한국으로 망명한 황장엽 전 서기도 '북한은 이미 핵을 보유했다'고 술회했으며 강성산 전 총리의 사위 강명도도 '핵무기를 다섯 개 정도 보유하고 있다는 말을 관계자로부터 들었다'고 증언하여 물의를 일으킨 바 있다.

핵무기의 제조방식에는 사용이 끝난 핵연료를 재처리하여 추출된 플루토늄으로 만드는 방법(나가자키형)과 고농축 우라늄으로 만드는 방법(히로시마형)이 있다. 그런데 북한은 전자의 방식으로 핵무기 제조에 착수하고 있다.

그렇다면 북한이 어떻게 핵무기를 갖고 있다는 확신을 한국과 미국, 일본 등이 갖게 되었다는 말인가? 그 이유는, 원료인 플루토늄의 비축이 충분하다고 보았기 때문이다. 거기에다 북한은 사용이 끝난 핵연료로부터 플루토늄을 추출해내는 기술을 갖고 있다. 실지로 북한은 단 한번에 실험용 재처리 시설을 이용 90그램 정도의 플루토늄을 추출했다고 인정했으며 그.이상의 플루토늄은 갖고 있지 않다고 발표했다. 그 말이 사실이라면 90그램 정도로는 핵폭탄을 만들어낼 수가 없어 북한은 핵을 보유할 능력이 없다는 결론에 도달한다.

그러나 속이 훤히 들여다 보이는 그들의 거짓말을 믿을 사람은 아무도 없다. IAEA(국제원자력기구)는, 그들이 말하는 90그램의 100배 이상에 해당하는 10킬로그램의 풀루토늄을 소유하고 있을 것으로 추정하고 있다. IAEA는 북한측에서 제출한 3종류의 풀루토늄 샘플을 몇 개의 연구기관**에 보내 조사한 결과, 북한이 89년에서 92년초까지 핵연료를 재처리하고 있다는 사실이 판명되었다. '10킬로그램'이라는 숫자는 바로 그들이 제출한 샘플을 바탕으로 산출한 수치이다. 이 정도의 양이라면 설계기술 여하에 따라서는 핵폭탄을 2개 내지는 3개 정도 제조할 수가 있다.***

---

* 공화당의 테러 및 비통상전쟁 대책팀이 1993년 7월에 발표한 보고서 중에서

** 미국 캘리포니아주의 맥크라렌 중앙연구소등

*** 이라크의 핵개발 계획을 적발한 국제연합사찰단의 데이비드 케이 단장(94년 당시)의 발언

Q3 핵개발을 주장한 자는 과연 누구인가?

A   김정일이 제창하고 그가 개발의 모든 것을 관장해왔다.

김일성 주석은 90년 9월, 방북한 가네마루 자민당 부총재에게 '우리는 핵개발을 할 의사나 능력도 없다'고 했다. 그런가 하면 94년에 방북한 재미 한국인 저널리스트에게도 "동족을 상대로 하는 핵개발은 있을 수 없는 일이다. 사용할 필요가 없는 핵무기를 무엇 때문에 만든다는 말인가"라고 반문했다. 그렇다면 북한이 핵개발을 추진한다면 김일성은 거짓말을 한 셈이다. 이 김일성의 말을 어떻게 해석하면 좋을까? 북한의 유일한 통치자인 김일성이 핵개발 사실을 몰랐다면 그것은 말도 안 되는 소리다. 그렇다면 핵개발을 주장하고 나선 자는 아마도 그의 아들 김정일일지도 모른다.

북한의 핵개발 시기를 76년으로 추정한다면 당시의 김정일은 34세에 불과하다. 후계자로 지정되었다고는 하나 아직 미숙한 나이이다. 과연 국가의 가장 중요한 사항인 핵개발을 주장할 만한 권한이 그에게 주어져 있었을까?

이같은 의문을 품게 되는 것은 참으로 당연하다. 그러나 당시의 실권은 환갑을 넘긴 아버지로부터 김정일에게 옮겨가고

있었다. 김정일은 80년 노동당 제6차 대회에서 후계자로 지명
되었지만, 실은 노동당 내부에서는 이미 74년 2월 당 중앙위원
회 회의에서 후계자로 내정되었던 것이다. 이 날을 기해 김정
일은 당과 군을 모두 장악했으며, 심지어 인사권까지 행사하여
아버지 김일성의 뒤를 이을 넘버투 맨으로서의 지위를 확고히
했다. 미 공화당의 '테러 및 비통상전쟁 대책팀'이 93년 7월에
발표한 보고서에 의하면 김정일은 한국보다 군사적으로 우위
에 서기 위해, 핵개발 계획을 추진해 왔다고 밝히고 있다. 이
보고서는 구 소련 시대인 90년 2월, KGB가 작성한 리포트를
바탕으로 하고 있다.

　김정일이 '핵개발'의 최고책임자임이 드러난 증거는 다른
곳에서도 나타나고 있다. 한국으로 망명한 황장엽 전 조선노동
당 서기가 폭로한 '지구소멸'의 발언도 그 하나에 속한다.

　북한의 핵 의혹을 둘러싸고 일촉즉발의 상황에 몰린 94년,
김일성은 김정일 및 군 수뇌들을 소집한 자리에서 '전쟁에서
이길 자신이 있는가?' 질문에 대해 아무도 대답하는 사람이
없었지만 유독 김정일만은 '절대로 지는 일이 없습니다'라고
말했다.

　이 말은 '핵을 보유하는 한 절대로 지는 일은 없다'는 말일
것이다.

Q4 기폭장치와 핵실험은?

기폭장치는 이미 개발이 끝난 상태이다. 핵실험은 아직 하지 않았지만, '대리실험'의 가능성도 있다.

기폭장치는 오래 전에 개발을 끝낸 상태이다. 90년 2월에 작성한 KGB의 보고서에 의하면, 기폭실험은 이미 영변의 원자력 연구센터에서 행해졌다고 한다. 미국의 정찰위성이 촬영한 사진에도 그같은 흔적이 있다. 평안북도 구룡강 부근을 찍은 사진에 분화구처럼 생긴 구덩이가 발견되었다.

어쨌든 대포동을 개발할 능력을 갖춘 북한이 기폭장치를 개발하지 못했다는 논리는 성립될 수 없다.

문제는 핵실험이다. 무기로써 사용할 수 있는지의 여부는 실지로 핵폭탄을 폭발시켜 보지 않으면 알 수 없다. 인도, 파키스탄도 핵실험에 성공함으로써 핵보유국 대열에 합류했다.

북한이 지금까지 핵실험을 실시한 흔적은 없다.

핵실험 장소로는 지상(대기권), 해저 그리고 지하의 세 곳뿐인데 이 세 곳 모두가 북한에게는 불가능하다. 지상에서의 실험은 대기권 오염 등 심각한 피해를 가져올 위험이 있으며, 해저에서의 실험은 기술적으로 많은 문제점이 있다. 따라서 북한이 굳이 실험을 강행한다면 지하 실험밖에 없는데 이럴 경우 한국측에 탐지되지 않는다는 것은 거의 불가능하다.

따라서 생각할 수 있는 것은 슈퍼 컴퓨터를 사용한 임계전(臨界前) 핵실험이다. 또한 '대리 실험'이라고 할 울트라 C도 없는 것은 아니다. 가장 손쉬운 방법은 파트너라고 생각되는 파키스탄에서의 실험이다.

그런데 핵폭발을 수반하는 실험을 하지 않고서도 핵개발은 가능하다. 고농축 우라늄을 사용할 경우 핵폭발을 수반하지 않는 '골드 테스트'*를 되풀이 실시하면 개발은 가능하다. 실지로 파키스탄은 이 '골드 테스트'를 거듭하면서 핵개발을 착실히 추진해 왔다. 이 파키스탄을 '파트너'로 하여 북한은 '노동' 미사일과의 교환조건으로 고농축 우라늄을 손에 넣어, 대리 실험이라는 울트라 C로 '골드 테스트'를 할 가능성이 있다.

북한의 '노동' 미사일의 기술과 부품이 파키스탄으로 흘러 들어간 것은 거의 확실하다. 북한은 96년 봄, 정부 계열의 창광신용회사를 통해 미사일 관련 부품을 파키스탄에 양도했다. 이 창광신용회사는 90년대 중반, 미사일을 중동지역에 수출한실적이 있다. 미국은 이 사실을 적발하고 나서 98년 9월 14일 북한과 파키스탄의 해당 기업에 제재 조치를 취했다.

상식적으로 생각해볼 때 경제적 어려움을 겪고 있는 북한이 미사일 기술과 부품을 대가 없이 제공한다는 것은 있을 수 없는 일이다. 무엇인가의 교환 조건이 있음을 추측하게 한다. 그 것이 바로 '고농도 우라늄'과 '골드 테스트'일 가능성이 높다. 이것은 북한이 이미 오래 전부터 계산에 넣어둔 전략일지도 모른다.

북한은 구소련의 크레믈린에 대해 카자흐스탄의 지하 핵실험장에서 핵실험을 할 수 있도록 해달라고 강력하게 요청해 왔다고 KGB의 보고서(90년)는 밝히고 있다. 북한이 소련에서의 실험을 생각하게 된 것은 핵보유 사실을 숨기기 위해 소련의 핵실험으로 위장하려 했던 것이다. 말하자면 '대리 실험'을 하려고 한 것이다. 그러나 소련은 그 요구를 들어주지 않았다. 거절당한 북한은 파키스탄을 파트너로 선택하여 미사일과의 교환 조건으로 '고농축 우라늄'과 '골드 테스트'를 성사시켰다.

97년 황장엽과 함께 망명한 그의 비서 김덕홍은 그늘에 가려진 역사의 중심인물이다. 황장엽은 김 씨에게, 군수담당 전병호 서기로부터 들은 이야기라고 하면서 '파키스탄에서 우라늄을 입수했다는 말을 했다. 결국 북한은 그 우라늄으로 핵개발을 시작한 것이다.'**

---

* 임계전 실험이라고도 말한다. 슈퍼 컴퓨터를 도입하여 방대한 실험 데이터를 사용한 시뮬레이션을 되풀이 실시함으로써 실지로 핵실험을 행한 것과 똑같은 효과를 얻을 수 있는 것이다.
** 일본의 시사잡지 〈아메라〉 99. 4. 15 중간호에 게재된 김덕홍 씨와의 인터뷰 기사

탄도미사일 '가우리'는 파키스탄판 '노동 미사일'이다. 실제로는 북한이 만든 것을 파키스탄이 쏘아올렸다(사진제공 : 공동통신사).

Q 5 북한의 핵시설은 어떻게 발각되었는가?

A 미국과 프랑스의 정찰위성이 확인했다.

북한의 핵시설 의혹이 표면화된 것은 89년경부터인데 미국은 정찰위성을 사용하여 76년부터 북한의 군사시설을 탐색해 왔다.

89년 3월, 미국의 정찰위성 KH-11은 평양의 북서쪽 약 90킬로미터 지점에 있는 영변 주변에서 원자력 발전소와 관련 건조물을 발견했다. 그리고 주변을 흐르는 강가에서 폭파실험의 흔적까지 발견했다.

이 위성사진을 분석한 결과, 미국은 '이 건조물이 핵연료 재처리 시설일 가능성이 높고, 폭파 흔적도 기폭실험의 자리일 것이다'라고 강한 의혹을 품게 되었다.

그로부터 6개월 후인 89년 9월, 이번에는 프랑스의 지구관측위성 스폿이 문제의 영변 주변을 촬영했는데 그 사진에서도 원자력 발전소와 핵연료 재처리 시설로 의심되는 건조물이 찍혔다.

그러나 위성사진에도 한계가 있다. 832킬로미터 상공에서 지상에 있는 19미터 건물을 찍는다 해도 그것은 하나의 작은 점에 불과하다.

KH-11도 지상에 있는 수십센티미터의 물체를 식별할 수가 있지만, 북한의 건조물이 핵연료 재처리 시설인가의 여부까지는 확정짓지 못한다.

북한의 핵 의혹은 곧바로 IAEA로 넘겨졌다. 85년 12월에 NPT(핵확산 방지조약)에 북한이 가맹했지만 한 번도 사찰을 받아들이지 않아 의혹을 증폭시키기에 이르렀다.

91년 봄, 주한미군 전 사령관이었던 리차드 스티웰 장군을 단장으로 하는 미국국제안보협의회 일행이 방북하여 김영남 외상(당시)과 회담을 했다. 그때 위성사진을 제시하면서 이들 시설에 대해 질문을 했더니 북한은 '그 사진은 우리에게 IAEA 안전협정에 가입시키기 위해 미국이 날조한 것'이라고 반격했다. 그래서 '이 사진은 미국이 찍은 것이 아니라 프랑스가 찍은것'이라고 말했더니 입을 다물고 말았다고 한다.

북한은 영변에서 원자력 발전소를 건설하고 있음을 비로소 시인했으며, 이는 전력 부족을 해결하기 위한 평화적 목적이며 핵개발을 위한 것이 절대로 아니라고 강조했다.

그래서 IAEA는 92년 5월부터 사찰에 들어갔는데 세 번째 사찰(92년 8월)에서 북한이 IAEA에 신고하지 않은 두 개의 시설물을 찾아냈다. IAEA는 이들 시설이 '핵연료 재처리 시설'과 '핵연료 저장시설'일 것이라는 의심을 강하게 갖게 되었다.

 # 북한의 핵을 개발한 사람은 누구 인가?

 핵개발의 주역은 일본 유학파이다.

북한에서 핵개발의 기초를 마련한 사람은 이승기, 도상록 그리고 한인석 이 세사람이다.

이 세사람의 공통점은 식민지 시절, 일본의 동경제국대와 경도제국대에서 공부한 탁월한 수재였다는 점이다.

최고인민회의 대의원이기도 한 이승기는 경도제국대학에서 공부한 화학자인데 비니론섬유를 개발하여 명성이 알려진 연구가이다. 그는 원자력 연구에도 힘을 쏟아 65년 6월에는 원자력 연구소의 초대 소장에 발탁되었다. 또 화학무기의 개발과 다연장 로켓발사대에 사용되는 고성능 화약의 개발에도 공헌했다. 이와 같은 공적에 의해 80년에 김일성훈장까지 받았다.

도상록은 동경제국대학에서 물리학을 전공한 수재인데 졸업 후 고향에 돌아와 교편생활을 하면서 연구에 몰두하여 〈수소와 결합한 헬륨이온의 양자적(量子的) 역학적 취급〉이라는 논문을 완성시켰다. 그후 만주의 신경공과대 교수를 거쳐, 종전 후에는 서울대 이공학부 학부장으로 교편을 잡다가 46년 김일성종합대의 교수로 초빙되어 평양으로 자리를 옮겼다. 그후 그는 김일성종합대 물리학연구소 연구사, 동대학 연구원 원장 등을 역임, 73년에는 김일성훈장을, 86년에는 '인민과학자' 칭호를 받았다. 그러다가 90년 2월 사망했다. 저서로는 《원자력의 평화이용》《핵물리학》 등이 있다.

핵개발의 기초를 구축한 세 명 중의 한 사람인 한인석은 동북제국대에서 물리학을 전공했으며, 해방 후 서울 연세대에서 교수로 있던 중 51년 5월, 김일성종합대 물리학과의 상급교원으로 임명되었다. 그후 소련으로 유학을 갔다가 59년 8월, 김일성종합대 물리학 강좌장에 임명되었다.

이 세 사람 이외에 또 한 사람의 중요한 인물이 있다. 바로 정근이라는 사람이다.

정근은 해방 후 월북하여 김일성종합대를 거쳐 소련에 유학한 엘리트 학자로서 전공은 핵개발과 직결된 원자물리학이었다.

현재 북한의 핵개발을 지휘하고 있는 사람은 최학근이다. 최학근은 함경도 태생으로 김일성종합대에서 공부하다가 49년, 소련에 유학하여 모스크바대학과 우크라이나의 도브나 핵융합 연구소에서 연구활동을 했다.

귀국 후는 승승장구 출세하여 이승기 박사의 뒤를 이어 원자력 연구소의 제2대 소장으로 취임했다. 그러던 중 86년 12월 정무원(내각) 내에 신설된 원자력공업부의 부장(각료)으로 임명되었다. 그도 역시 92년 4월에 김일성 훈장을 받았다.

최학근이 크게 출세한 동기는 그의 연구 업적보다도, 정보수집의 재능을 인정받았기 때문이라는 소문이 있다. 75년, 원 주재 북한대사관 참사관으로 부임한 최학근은 4년간 IAEA(국제원자력기구)의 도서관을 다니면서, 세계 각국의 원자로 설계도면, 설계방법 등을 닥치는 대로 복사하여 본국(북한)에 보냈다고 한다.

이 밖에 핵개발에 관여한 중요한 인물을 든다면 계용순을 꼽을 수 있다. 계용순은 소련(도브나 핵융합 연구소)에 유학한 후 원자력 발전에 관여해 오다가 70년대 초 '우리 힘으로 원자력발전소를 건설하자'는 분위기가 무르익자 그것을 실현시키기 위해 선두에서 이를 주도한 인물이다. 현재는 핵전자 연구소의 소장을 맡고 있다.

김일성종합대의 총장직에 있는 박관오도 북한을 대표하는 핵과학자이다.

박관오는, 김일성종합대 원자력학부를 졸업한 후 소련에 유학했으며 도브나 핵융합 연구소에서 연구실적을 쌓았다. 북한으로 돌아온 후 원자력 연구 부문에 들어가 81년에서 87년까지 원자력 연구소의 소장을 맡았다.

북한의 핵 관련시설

★ 핵연료 재처리 공장
우라늄광산
우라늄농축공장
◇ 원자력 발전소
R 원자력 연구소
건설중인 핵시설
중국
선봉
김책 R
금탄리
향산
신포(금호) ◇
금창리
태천 ◇ ★ 영변
R
홍남
R 평양
해금강   휴전선
평산
서울

Q 7 러시아와 중국은 북한의 핵개발을 지원하고 있는가?

A   러시아의 핵과학자들은 음성적으로 지원하고 있으며, 중국은 수면하에서 기술협력을 해주고 있는 듯하다.

구소련은 65년, 2메가와트급 실험용 원자로 1기를 북한에 제공했다. 그것을 바탕으로 북한은 60여 명의 핵과학자를 육성시켰다. 북한은 74년에 이르러 8메가와트급으로 개량하는데 성공했다. 특히 85년에는 소련과 1,500메가와트의 고출력원자력 발전소의 건설 협정이 이루어졌다. 이것을 계기로 북한에서는 원자력 발전시설 건설에 박차가 가해졌다.

90년대에 들어서면서 소련은 붕괴되고 많은 핵과학자들이 실업상태에 빠졌다. 이때 북한은 그들을 고액으로 스카우트하여 고급인재를 확보하기 시작했다. 후일 북한이 핵개발에 피치를 올리게 된 것도, 무려 200명에 달하는 러시아인 핵과학자의 지식과 기술을 크게 활용했기 때문이다.

92년을 시점으로 우크라이나의 도브나 핵융합 연구소에는 북한에서 온 핵전문가 수백 명이 연수를 위해 다녀갔다고 한다.*

현재 러시아와 북한의 관계가 소원해졌다 해도 핵개발에 관해서는 여전히 민간 베이스의 굵직한 파이프로 연결되어 있다.

그러면 중국의 경우는 어떠한가? 중국은 공식적으로는 북한에 대한 핵지원을 부인하고 있다.

그러나 94년 5월 5일, 미 국무성의 로드 차관보(당시)는 미 상원외교위원회 아시아 태평양 소위원회에서 "만일 중국의 지원이 없었더라면 북한의 핵개발은 지금보다 훨씬 늦어졌을 것이다"라고 중국의 지원과 협력을 인정했다.

또 보수계인 〈워싱턴 타임즈〉(99년 2월 23일자)는 "미국이 95년에서 96년까지 중국과 공유하고 있던 위성기술이 북한으로 흘러들어간 의혹이 있다"면서 미국의 기술이 중국을 경유하여 북한에 건너갔을 가능성을 지적했다.

그런데 어떠한 비판이 가해져도 북한과 중국간의 유대는 친밀하다. 그 까닭은 무엇인가?

첫째, 중국과 북한이 과학기술 교류협정을 98년 9월 체결했다는 점

둘째, 95년경 북한 미사일연구 관계자 200명이 중국을 방문했다는 점

셋째, 북한이 개발중인 대포동 2호의 제1단계 추진체가 중국의 CSS-2 중거리 미사일과 흡사하다는 점

물론 중국 정부는 〈워싱턴 타임즈〉의 보도를 '전혀 근거없는 이야기'라고 강하게 부인하고 있다.

---

* 〈모스코프스키 가즈에타〉(98년 4월 7호)지에 게재된 핵과학자 니콜라에비치의 말 인용.

Q 8 미국은 94년 왜 영변의 핵시설을 폭격하지 않았나?

A 실행에 옮기기 직전, 북한 당국이 영변의 핵시설 동결에 합의했기 때문이다.

92년 5월 IAEA가 북한에 대해 핵사찰을 실시했을 때 북한은 영변에 있는 두 개의 시설물에 대한 사찰을 거부했다. 한 곳은 '재처리 시설'이고, 다른 한 곳은 '핵연료 저장시설'이었다. 북한은 애당초 이 두 곳을 IAEA에 신고한 핵관련 시설 리스트에 포함시키지 않았다.

IAEA는 "이 건물들이 완성되면 재처리 시설로 사용될 가능성이 있다"는 의혹을 강하게 제기하면서 북한측에 사찰에 응할 것을 촉구했다.

그러나 북한측은 이 요구를 완강히 거부함으로써 국제사회를 긴장상태로 몰고갔다. 이때 미국은, 북한이 끝내 사찰에 응하지 않을 경우 과거 이라크에게 한 것처럼 영변 핵시설에 대한 공중폭격을 은밀히 검토하기 시작했다.

북한의 핵 의혹이 최고조에 달한 94년 6월 16일, 클린턴은 백악관에서 북한 문제에 대한 긴급안전보장회의를 개최하고 최종적인 대응책을 협의했다. 이 미 국방성은 대통령에게 북한에 압력을 넣기 위한 3단계 군사작전을 제시했다.

우선 한반도 주변에 2만 3천 명의 병력을 추가로 배치한다음은 전투기 30~40대를 한반도 지역에 보장하고 괌에는 스텔스117형기를 상주시킨다. 그리고 나서 한반도 지역에 항공모함을 배치하는 동시에 육군과 해병대를 증파한다는 내용이었다.

이에 대해 국무성은 북한을 자극해서는 안 된다는 신중론을 제기했지만 클린턴은 이미 제1단계 작전을 염두에 두고 있었다.

그러나 이러한 계획이 현실적으로 실현되지 못한 것은 최종적으로 평양으로 날아가 김일성과 단판을 벌이고 있던 카터 전 대통령으로부터 '김일성이 핵개발을 중지하고, 핵문제의 포괄적인 해결을 위해 미북한간 고위급회담 개최에 동의했다'는 급보가 날아들었기 때문이다.

만일 카터가 중재에 나서지 않았더라면 미국은 영변 폭격을 강행했을지도 모른다. 실지로 미 국방성은 영변 폭격의 모의훈련까지 해 왔다.

그러나 영변 폭격은 북한과의 전면전까지도 각오하지 않으면 안 된다. 그만큼 북한은 국제적 압력에 대해 반발이 심했다.

카터는 후일, '김영남 외상(당시)도 말끝마다 우리가 국제적 비난과 경제적인 압력에 굴복할 바에는 차라리 전쟁을 하는 것이 낫다'고 말한 당시의 에피소드를 술회하고 있다.

Q 9 미국과 북한간의 제네바 합의란 무엇인가?

A 북한이 핵개발을 동결하는 대가로 미국이 경수로형 원자로와 중유의 공급을 약속한 합의문을 말한다.

미국과 북한은 1년 4개월 동안의 마라톤 협상 끝에, 94년 10월 21일 제네바에서 다음과 같은 약정서를 주고받았다.

미국의 약속사항

① 북한이 영변에 건설중인 원자로의 건설을 동결시키는 대가로 미국은 2003년까지 100만킬로와트급 경수로 2기를 건설하여 북한에 제공한다.

② 경수로가 완성될 때까지 대체에너지로써 중유를 공급한다. 초년도는 15만톤, 2년도부터 2003년까지는 매년 50만톤씩 무상으로 제공한다.

③ 북한에 대한 경제 제재를 완화하는 동시에 관계 정상화를 도모하되 95년 말까지 쌍방의 연락사무소를 개설한다. 그리고 관계가 진전되면 대사급으로 격상시킨다.

④ 북한에 대한 핵의 불사용을 보증한다.

북한의 약속사항

① 영변의 핵시설(5,000킬로와트:실험용, 20만킬로와트:건설

중) 가동을 동결하고, 핵원료가 되는 사용이 완료된 연료봉(8,000본)은 밀봉하여 제3국에 이전한다.

② 1호기의 핵심부분이 예정대로 99년에 제공되었을 경우 '군사시설을 이유로 사찰에 임할 수 없다'고 한 미신고시설(핵연료 저장시설과 재처리시설로 의혹받는 시설:방사과학연구소)에 대한 IAEA의 특별사찰을 받아들인다.

③ 제2기 경수로가 제공된 시점과 동시에 영변의 모든 핵시설을 해체한다.

④ 남북대화를 재개하여 한국과의 사이에 체결한 한반도 비핵화선언을 이행한다.

⑤ NPT(핵확산방지조약)에 잔류해 있으면서 IAEA의 안전조치협정을 이행한다.

이상의 합의사항은 북한에게 대단히 유리하게 되어 있다. 북한이 영변에 건설중인 흑연형 원자로는 2기를 합쳐 25만킬로와트인데 비해 미국이 제공하는 경수로는 2기를 합쳐 200만 키로와트에 달하므로 8배에 맞먹는 발전량이다.

미국이 약속한 경수로의 건설비용은 총액 41~45억 달러에 이르며, 이 밖에 사용이 완료된 연료봉 8,000개의 밀봉 및 제3국에의 이전비용 1억 달러와 흑연형 원자로 2기와 방사과학연구소, 그리고 핵연료 저장시설의 해체비용 5억 달러까지 부담하게 되어 전체 비용은 참으로 막대하다. 그래서 이 사업을 수행하기 위해 미국, 일본, 한국이 중심이 되어 국제적인 컨소시엄 KEDO가 구성되었다.

Q10 북한이 제네바 제안을 받아들인 목적은 무엇인가?

A 북한은 얻는 것은 있어도 잃는 것은 아무것도 없기 때문이다.

그렇다면 구체적으로 북한이 얻는 것은 무엇인가?

첫째, 미국의 폭격을 피할 수 있다는 점이다.

만일 합의에 도달하지 못하면, 북한에 대한 국제연합의 군사 제재가 가해진다는 것이다. 미국이 영변의 핵시설을 공격하면 북한도 전쟁에 나서지 않을 수 없다. 그러나 이것은 북한에게 있어서 최악의 선택이다.

둘째, 지하의 비밀 핵시설을 이용하여 핵무기를 완성할 때까지 시간을 벌 수 있다는 점이다.

제네바 합의가 최종적으로 실행에 옮겨지는 시한은 2003년이므로 10년 동안의 시간 여유가 있다. 비록 영변의 시설이 동결된다 하더라도 그 동안 다른 장소에서 핵개발을 계속할 수 있다는 계산이다.

셋째, 북한은 제네바 합의를 언제든지 파기할 수 있다는 점이다.

미국과 북한이 합의한 것은 김일성 주석이 사망한 후 3개월이 되던 94년 10월의 일이다. 당시 미국은 김일성이 사망한 북한이 외부로부터의 압력이 없더라도 빠른 시일 내에 스스로 자멸할 것으로 내다보고 제네바 합의를 진심으로 이행할 생각이 없었다. 그래서 2003년까지로 경수로 건설을 약속했던 것이다. 그러나 현실적으로 기한 내 건설은 물리적으로 불가능한 일이다. 그럴 경우 북한은 언제라도 합의사항을 파기할 수가 있는 것이다.

넷째, 원하던 경수로를 가질 수 있다는 점이다.

북한은 80년대 중반, 소련에 대해 경수로 건설의 지원을 요청한 적이 있었다. 그러나 고르바초프 정권은, 북한이 경비 지불의 능력이 없다고 판단하여 그 요청을 묵살했다. 그토록 갈망하던 경수로를 북한은 2기씩이나 손에 넣을 수 있게 된 것이다. 거기에다 이 경수로가 가동되는 날에는 북한의 에너지 사정은 크게 호전될 것이다.

다섯째, 중유를 거저 얻을 수 있다는 점이다.

북한은 극도의 에너지 부족으로 고통을 겪고 있다. 중유가 없어 화력 발전소는 가동을 중단했으며, 발전소가 움직이지 못해 전력공급은 크게 부족한 실정이다. 따라서 공장의 기계는 대부분 멈추었는데 실지로 북한의 공장가동률은 20% 이하를 밑돌고 있다. 이런 상황에서 연간 50만톤의 중유는 너무도 귀중한 피와 다를 바 없다. 이 정도의 양은 북한의 연간 중유 수입량의 절반을 차지한다. 이처럼 제네바 합의는 북한에게 있어서 얻는 것뿐이지 잃는 것은 아무것도 없는 것이다.

Q 11 영변의 핵시설을 동결시키지 않았더라면 지금쯤 어떻게 되었을까?

A 북한은 IAEA와 NPT를 탈퇴한 상태에서 파키스탄이나 인도처럼 공공연히 핵개발을 하고 있을 것이다.

북한이 NPT와 IAEA에서 탈퇴한다면, 국제사회는 북한의 핵개발을 합법적으로 저지시킬 수단을 상실하고 만다. 이렇게 되면 북한은 아무 거리낌 없이 핵개발에 속도를 낼 것이 틀림없다.

영변에서 가동중인 실험용 5메가와트급의 원자로에서는 연간 5~6킬로그램의 플루토늄 추출이 가능하다. 또 북한은 당시 영변에 50메가와트의 원자로와 태천에 200메가와트의 원자로를 건설하고 있었다. 모두가 흑연형 원자로이다.

영변의 원자로는 95년에 태천의 원자로는 96년에 완성을 목표로 하고 있었다. 만일 그것들이 완성되었다면 영변의 원자로는 연간 40~50킬로그램의 플루토늄 그리고 태천의 원자로는 연간 160~200킬로그램의 플루토늄을 생산해낼 수가 있다. 여기에다 40%까지 건설이 진척되고 있는 영변의 '방사화학연구소', 즉 재처리 공장이 완성되면 플루토늄의 추출은 용이하게 된다.

일본 히로시마에 투하된 핵폭탄에 사용된 플루토늄의 양은

10킬로그램 정도이다. 영변의 50메가와트급의 원자로로부터는 히로시마형의 원자폭탄을 일년에 5개 정도 제조할 수 있는 양의 플루토늄이 추출되며, 태천의 원자로로부터는 20개분의 플루토늄 추출이 가능하다.

제네바 합의가 이루어진 날로부터 3개월 후인 95년 1월에 열린 미 상원에너지자원위원회의 청문회에서 에너지성의 카티스 차관은 "북한의 핵계획을 제네바 합의에 의해 동결하지 않았더라면 북한은 2000년까지 60개 내지 100개의 핵폭탄을 제조할 수 있는 플루토늄을 생산해낼 것이다"라고 증언했다.

설사 북한이 핵무기를 선제 사용은 하지 않는다고 약속해도 문제는 있다. 왜냐하면 그들이 핵무기를 안전하게 관리하거나 보전할 장치가 어디에도 없기 때문이다.

핵무기는 만드는 것도 어렵지만 그것을 안전하게 관리한다는 것은 더욱 어렵다. 미국은 이 안전관리를 위해 엄밀한 프로그램을 세워놓고 사고가 발생하지 않도록 관리에 철저를 기하고 있다.

그런데 그것이 북한도 가능하다고 할 수 있을까? 만의 하나라도 북한이 사고를 일으키면 '죽음의 재'는 한반도는 물론 대기의 기류를 타고, 1,000킬로미터 떨어진 일본까지 날아가 엄청난 피해를 입힐지도 모른다. 지난날 우크라이나의 체르노빌 원자력 발전소의 사고 때 바람을 타고 날아온 죽음의 재로 벨라루시는 심각한 피해를 입었다. 참으로 두려운 일이 아닐 수 없다.

Q 12 북한은 현재도 지하시설에서 핵개발을 진행시키고 있을까?

A 하고 있을 것이다. 빠르면 2년, 늦어도 6년 내에 원자로와 재처리 공장이 완성될 것이다.

북한은 영변에 핵시설물을 건설해놓고 핵개발을 추진해 왔는데, 북미간의 제네바 합의에 의해 94년부터 핵개발이 동결상태에 들어갔다.

원자력 발전소는 영변 이외에도 평안북도 태천에 200메가와트급의 발전소가 있다. 그러나 이곳도 제네바 합의에 의해 건설이 중단되고 있다.

현재 가장 의심이 가는 장소로서 미국의 사찰요구가 대두되고 있는 곳이 평안북도 대관군 금창리의 지하시설이다. 98년 8월, 〈뉴욕타임즈〉가 "지하에서 은밀히 핵을 개발하고 있을 가능성이 높다"고 보도함에 따라 의혹이 증폭되기 시작했다.

이 지하시설 역시 미국의 정찰위성이 발견했는데, 〈뉴욕타임즈〉(8월 17일자)에 의하면 현장에는 수천 명의 노동자가 작업을 하고 있으며, 40만 평방미터에 달하는 규모의 굴삭공사가 진행중이라고 확인했다. 그 정도의 시설 규모라면 원자로 1기와 핵연료 재처리시설을 충분히 수용할 수가 있다.

그런데 〈뉴욕타임즈〉에 이어 〈워싱턴 포스트지〉(8월 18일자)도 미 정보 소식통을 인용하여 이 상태로 공사가 진행되면 2년에서 6년 사이에 원자로든 재처리 공장이든 완성될 것이 틀림없다고 전했다.

한편 한국의 야당인 한나라당의 김덕룡 의원이 방미했을 때 입수한 정보에 의하면 이 지하시설에서는 앞으로 반년 내지 1년 사이에 핵무기 1개분의 플루토늄이 생산되며, 그 이후는 매년 8개에서 10개 정도 제조할 양의 플루토늄을 추출할 수 있다고 말했다.

김 의원의 이야기로는 지하시설의 내부에는 건조물이 10개 정도 분산되어 건조되고 있으며 은창산(銀倉山) 허리를 흐르는 팔영천을 막아 댐을 건설중이라고도 말했다.

미 정부는 "결정적인 증거를 가지고 있지는 않지만 충분히 의심할 여지가 있다"(코엔 국방장관)고 언급했다.

미국은 확실한 증거를 제시하지 않았지만 정찰위성에 의한 사진만이 아니라 식량 원조차 현지를 다녀온 재미한국인이 몰래 채취해온 현지의 지질(흙과 물)에서 플루토늄이 검출되었다는 것이다. 한국은 대외적으로는 지하 핵의혹을 철저히 규명해야 한다고 강조하고 있지만, 한편으로는 '설사 핵시설이 있더라도 완성까지에는 4년에서 5년 정도 걸리므로 그 사이에 교섭으로 해결하면 된다'(김대중 대통령)는 입장을 취하고 있다.

Q13 금창리 이외에도 의심이 가는 지하 핵시설이 있는가?

A 그렇다. 평안북도 태천과 자강도의 팔갑 등이다.

금창리 이외에도 의혹이 가는 곳이 몇 군데 더 있다.

그 하나가 태천군의 지하시설이다. 여기에는 약 3킬로미터의 간격으로 3개의 시설물이 건설되고 있으며, 이 부근에는 인공호수까지 건설중에 있다.

지하시설에서 인공호수까지는 3,000볼트의 고압선이 가설되어 있다는 점과, 주변 시설 등으로 미루어 보아 미 CIA는 틀림없이 핵시설의 가능성이 짙다고 정부에 보고하고 있다.

이에 대해 북한 당국은 현재 태천에서는 대형 수력 발전소 공사가 진행중인데, 그것을 잘못 판단하고 있는 듯하다며 지하 핵시설의 건설을 강하게 부인하고 있다.

한편 구성(龜城)에서는 기폭장치 실험장과 비슷한 시설물과 부근에 폭파물 제조공장이 산재해 있음을 정찰위성이 확인하고 있다.

자강도에도 의혹이 가는 장소가 있다. 그곳은 팔갑이라는 지역이다. 평안북도 향산의 북쪽 약 5킬로미터에 위치한 팔갑에서는 현재 3개의 공업단지가 건설되고 있으며, 이미 크고 작은 30개 이상의 건물이 완성되었다고 98년 1월 17일자 〈뉴욕타임즈〉는 전하고 있다. 이 신문에 의하면 건물은 적어도 4개의 지하 터널로 연결되어 있다고 했다.

이 기사는 미 국방성의 정보 보고서에 의한 것이라고 밝히고 있으며 "팔갑의 시설은 핵무기 개발공장 또는 핵연료 저장소의 가능성이 높다"고 결론짓고 있다. 이 때문에 한반도에서 전쟁이 발발할 경우 국방총성은 '팔갑을 최초의 공격 목표로 삼지 않을까' 하는 견해도 있다. 그러나 이 장소에 대해 미 국무성과 한국 정부 당국은 공식적으로 '핵시설의 가능성은 희박하다'고 논평하고 있다.

자강도에는 의혹의 장소가 또 한 군데 있다. 94년에 한국으로 망명한 강성산 전 총리의 사위 강명도가 증언한 금탄골이다. 망명 당시 기자회견에서 북한은 핵폭탄을 5개 가지고 있다고 발언하여 물의를 일으킨 바 있는데, 그후 한국 정보 당국에 89년 1월 영변의 핵시설을 건설한 제3공병국의 한 병사가 자강도의 금탄골 부근에서도 거대한 터널 공사가 있었다는 이야기를 자신이 직접 들었다고 했다.

그곳은 트럭이 두 대 정도 동시에 들어갈 수 있는 규모의 대형 터널인데 그것도 하나가 아니라 두 개를 굴착하고 있었으며, 터널 내에는 토사를 운반하는 선로까지 부설되어 있다고 증언했다.

Q 14 북한은 핵을 사용할 가능성이 있는가?

A 없다고 본다. 핵을 사용하기보다는 카드로 사용하기 위해서이다.

지금까지 전쟁에서 핵을 사용한 나라는 히로시마와 나가자키에 원자폭탄을 투하한 미국뿐이다. 만일 북한이 핵을 사용한다면 세계에서 두 번째가 되는데 김정일이 핵을 사용할 가능성은 거의 없다. 왜냐하면 한반도의 지리적 특성으로 볼 때 핵무기는 당치도 않다.

한반도는 영토가 협소하여 일본의 3분의 2 정도밖에 되지 않는다. 거기에다 군사분계선에서 그리 멀지 않은 곳에 남과 북의 수도가 있다. 서울은 분계선으로부터 불과 40킬로미터밖에 떨어지지 않았지만 평양 역시 150킬로미터밖에 되지 않는다. 거기에다 군사분계선을 끼고 있는 철원과 개성 일대는 전통적인 곡창지대이다. 이와 같은 조건을 생각한다면 유사시에 핵을 사용한다는 것은 적(敵)만이 아니라 자신들 스스로가 파멸을 자초하는 셈이 된다.

북한의 핵 목표물은 1차적으로 수도 서울이 될 것이다.

핵으로 공격하면 서울은 삽시간에 불바다가 될 것이 뻔하다. 그리고 서울과 평양의 거리 불과 190킬로미터밖에 되지 않는다. 거기에다 서울과 평양 사이에는 높은 장벽(산)이 없다. 그렇다면 방사능의 낙진은 곧바로 평양에도 떨어진다. 그뿐만이 아니라 황해도의 곡창지대는 죽음의 재로 뒤덮이게 될 것이다. 이렇게 되면 설사 전쟁에서 승리한다 해도 그 상처와 후유증은 너무도 크다. 미국이 핵으로 반격을 가하지 않더라도 북한은 자신들이 사용한 핵 피해(방사능 피해)로 엄청난 손실을 입을 것이다. 서울에 핵을 떨어뜨리면 승자도 패자도 없이 모든 인간은 죽음을 맛보아야 한다.

그렇다면 일본이나 미국에는 사용이 가능할까?

결론부터 말하지만 그것도 곤란하다. 만일 북한이 핵무기를 사용한다면 100% 미국의 핵보복을 받을 것이 틀림없다. 미국은 한국만이 아니라 일본까지도 핵우산으로 보호하고 있다. 북한이 2, 3개의 핵폭탄으로 위협한다 해도 2만 개의 핵폭탄을 갖고 있는 미국과는 상대가 되지 않는다.

핵무기의 사용은 곧 자멸을 뜻한다. 북한이 굳이 핵을 사용할 기회를 찾는다면 패전이 임박한 때라고 하겠다. 통상의 무기로는 반격이 불가능하다고 생각될 때 핵 사용을 검토해 볼 것이다. 그러나 그것은 어디까지나 김정일이 교전국과 동반자살을 할 각오를 가지고 있을 때이다. 북한이 핵을 보유하려는 목적은 어디까지나 미국, 한국, 일본을 견제하고 교섭에서 유리한 위치에 서기 위해서이다.

Q 15 북한이 핵을 보유하면 한국도 대항적으로 핵을 가질 것인가?

A 미국의 핵우산 밑에 있는 한 핵을 보유하지 않을 것이다.

북한과 한국은 91년 말 한반도 비핵화에 관한 공동선언을 발표했다. 그 내용은 다음과 같다.

① 남·북한은 핵무기의 실험, 제조, 생산, 보유, 배치, 사용을 하지 않는다.

② 남·북한은 핵에너지를 유일하게 평화적인 목적에만 사용한다.

③ 남·북한은 핵연료 재처리시설과 우라늄 농축시설을 보유하지 않는다.

④ 남·북한은 비핵화를 검증하기 위해 상대측이 요구하는 대상 시설에 대해 쌍방의 동의가 있으면 남북 핵통제위원회가 규정하는 절차와 방법에 의해 사찰을 실시할 수가 있다.

⑤ 남·북한은 공동선언의 발효일로부터 1개월 이내에 남북 핵통제위원회를 개최한다.

⑥ 이 공동선언은, 남북이 각기 발효에 필요한 절차를 거쳐 문서를 교환한 날부터 효력이 발생된다.

　남·북한은 이 공동선언에 따라 핵통제위원회를 발족시켰지만 실무자회의에서 한국측이 북한의 영변에 있는 '방사과학연구소'에 대한 사찰을 요구하자 북한은 크게 반발했다. 그래서 합의 두 달 후에 회의는 결렬되고 말았다. 그후 영변의 핵시설을 둘러싸고 북한과 IAEA 및 미국의 대립이 격화되어 결국 핵통제공동위원회는 좌초되고 말았다.

　한국은 박정희 정권 때인 70년대에 핵개발을 추진한 적이 있다. 월남전쟁에서 미국이 남베트남을 포기한 것을 보고 위기감을 느낀 박 대통령은 직접 핵개발을 지시했다.

　핵개발은 국방과학연구소에서 진행되었으며, 약 95%까지 완성 단계에 이르렀다. 그러나 박 대통령이 79년 사망하자 이 계획은 중단되고 말았다. 어쨌든 그 이후부터 오늘에 이르기까지 한국은 핵을 보유하려는 의욕을 보이지 않았다. 그러나 핵을 보유할 능력은 충분히 갖추고 있다. 핵원료인 플루토늄의 비축은 10톤 이상이라고 추측되며, 2000년에는 24톤까지 상향될 것이라는 견해도 있다.

　다만 한국에는 핵연료의 재처리시설과 우라늄 농축시설이 없다. 앞서 언급한 '비핵화선언'으로 핵의 보유를 금하고 있기 때문이다. 그러나 '북이 갖고 있기 때문에 우리도 갖는다'는 식의 발상은 거의 찾아볼 수가 없다. 김대중 정권도 미국의 핵우산으로 보호받고 있으므로 독자적으로 핵을 보유할 필요성이 없다는 입장이다. 그러나 미군이 한국에서 철수할 경우는 예외일지도 모른다.

Q 16 중국은 왜 북한의 핵개발을 중지시키지 못하는가?

A 자신의 목을 조르는 일이 되기 때문이다.

북한과 중국은 서로 국경을 마주하고 있을 뿐만 아니라 이데올로기면에서도 같은 노선을 걷고 있기 때문에 우방이나 다름없어 중국이 서울올림픽(88년)에 참가하기 이전까지는 동맹관계에 있었다. 그러나 중국이 북한의 만류에도 불구하고 서울올림픽에 참가했다는 사실과 92년 중국이 한국과 국교 수립을 맺었다는 이유로 양자의 동맹관계는 무너져 버렸다.

북한은 중국이 한국을 승인한 것을 '배신행위'로 받아들이고 있다. 또 중국의 개혁, 개방주의를 '사회주의를 일탈하여 자본주의의 길을 걷고 있다'고 여기고 있다. 4자회담(남·북한과 미국, 중국 4개국에 의한 회담)을 끝까지 반대한 까닭도 중국의 참가를 못마땅하게 여겼기 때문이다. 94년 3월, 한국에 망명한 이충국 하사관의 말에 의하면, 군대에서는 상관들이 '전쟁이 일어나면 믿을 사람은 자신뿐이라는 것을 알아야 한다. 중국도 믿지 마라'고 늘 충고를 들었다고 했다.

중국은 경제적으로 어려움을 겪는 북한에 대해 무상으로 석유도 공급해주며 식량원조도 해준다. 그리고 북한을 위해 영향력 확보에도 노력하고 있지만 직접 북한에 대해 핵개발을 중지하라는 말은 입 밖에도 못낸다.

그 이유는 크게 서너 가지로 요약될 수가 있다.

첫째, 중국도 핵을 개발하여 갖고 있기 때문이다.

둘째, 북한과 중국 사이에는 '우호협력 및 상호 원조에 관한 조약'이 있어 함축적으로 '주권에 대한 상호 존중, 내정 불간섭'이 보장되어 있다. 북한이 중국의 개혁, 개방정책에 불만을 품고 있지만 그것을 비판하지 않는 것처럼 중국도 북한의 핵문제에 대해 입을 다물고 있는 것이다.

셋째, 북한은 특히 자존심이 강해 서투른 짓을 하면 역으로 중국에게 마이너스가 된다는 것을 알고 있다.

넷째, 김정일 정권이 집권하면서부터 수뇌부의 교류가 거의 끊어지고 있는 상태이다. 그러므로 속에 있는 말을 하려고 해도 마땅한 채널이 없다.

또 하나의 중요한 원인이 있다. 그것은 중국이 북한의 존속을 강하게 원하고 있다는 점이다. 한반도가 한국과 미국의 주도로 통일이 되면 중국은 완충지대를 잃게 된다. 이것만은 피하고 싶다는 것이 중국의 생각이다. 그래서 식량이나 석유를 지원하거나 군사기술을 유출시키고 있는 것이다. 그러나 중국 수뇌는 지금의 북한 현상에 대해 눈살을 찌푸리고 있는 실정이어서 유사시 드러내놓고 병력을 파병하는 일은 없을 것이다.

3

탄도미사일의 개발은 어느 정도 이루어졌는가?

공동통신사 제공

Q 1 북한이 독자적으로 미사일을 개발한 것은 언제쯤인가?

A 1979년경 스커드 B 개량형을 독자적으로 개발할 때부터이다.

북한이 미사일 개발에 관심을 갖기 시작한 것은 70년 중국이 인공위성을 쏘아올려 성공함으로써 군사대국의 대열에 합류한 것을 본 다음부터이다.

73년 제4차 중동전쟁이 발발하자 북한은 이집트의 요청에 따라 미그 21 전투기 조종사 1개 중대를 이집트에 파견했다. 그 보답으로 이집트는 소련에서 제공한 소련제 미사일 '후록 그 7'에 관한 정보를 북한에 넘겨주었다. 북한은 그것을 바탕으로 79년경 독자적으로 미사일 연구 개발에 들어갔다.

그러나 북한은 그때까지만 해도 전적으로 소련의 기술협력에 의존하고 있었기 때문에 탄도미사일을 개발할 설계기술이나 노하우가 없었다. 그래서 81년 8월 이집트와 '과학기술합의'를 맺고 비로소 개발의 기초가 되는 기술이나 노하우를 흡수해 왔던 것이다. 특히 북한이 절실히 바라고 있었던 것은 스커드 B의 본체였다. '제3국에는 절대로 유출시키지 않겠다'는 조건으로 소련에서 제공받은 스커드 B를 이집트는 81년 북한에게 넘겨주었던 것이다.

　북한에서 탄도미사일의 생산이 시작된 것은 이란, 이라크 전쟁이 장기화 조짐을 보이기 시작한 84년의 일이다. 이때 이란으로부터 자금지원을 약속받은 북한은 우선 스커드 A 미사일의 생산을 개시했다. 그후 86년부터는 스커드 B 개량형의 생산에 들어가 88년 2월까지 이란에 100기를 인도해 주었다.

　이 북한제 스커드 B는 사정거리가 380킬로미터나 되어 소련제 오리지널보다 약 100킬로미터 이상이나 먼 거리를 날아갈 수 있었다. 거기에다 88년에는 이란, 이라크 전쟁의 '도시공격전'에서 위력을 발휘한 탓으로 북한은 값싼 탄도미사일 공급처로서 주목을 받게 되었다. 그리고 이로 인하여 중동 여러 나라에 판로를 확대할 수가 있었다. 북한은 이에 그치지 않고 장거리 탄도미사일 개발에도 박차를 가했다. 드디어 89년에는 사정거리 500킬로미터에 이르는 스커드 C의 개발을 끝내고 91년부터 시리아 등에 공급을 개시했다.

　북한의 미사일 개발정책은 고삐를 늦추지 않고 계속 추진되어 91년에는 스커드 B에 대폭적인 개량이 가해져 사정거리 1,000~1,300킬로미터까지 연장된 노동 1호 개발을 끝내고 93년 5월 시험발사까지 성공했다.

Q 2 대포동 미사일 개발에서 두각을 나타낸 사람은?

A 기술적인 면에서는 권동환, 한해철, 김행경박사 였다.

탄도미사일 개발도 핵개발처럼 김정일의 지시로 일관되게 추진되었다. 당의 기관지 〈노동신문〉은 대포동 시험발사 성공 후 "김정일 동지의 지도로 창설 육성된 덕분으로 우리나라는 강력한 인공위성 '광명성'을 쏘아올리기에 족한 국력을 갖게 되었다"고 김정일의 공적을 강조했다.

대포동의 개발은 확실히 북한의 첨단기술이 일정 수준에 도달되었다는 것을 증명해주고 있다.

다단식(3단식) 로켓의 단계 분리기술, 고체연료를 에너지로 한 로켓엔진, 수천도의 고열에도 견뎌낼 수 있는 특수 금속과 세라믹 소재의 제조기술 등에 성공한 셈이다. 이것들은 모두 최첨단 기술에 속한다. 제아무리 김정일의 지도가 있었다 해도 기술을 개발할 전문가가 없으면 아무 소용이 없다.

대포동 시험발사 후 북한 신문에 게재된 과학자의 인터뷰 기사를 통해 성공의 주역들이 누구인가를 살펴보기로 하자.

첫번째 사람은 권동환 박사이다. 그는 최고인민회의 대의원 (국회의원)으로서 과학원 원사(院士)의 직함을 갖고 있다.

나머지 두 사람은 한해철, 김행경 박사이다. 박사는 조선노동당 중앙 직속기관인 '조선우주공간기술위원회'에 소속된 전문가로서 이번 발사의 성공으로 다른 네 사람과 함께 '영웅' 칭호를 받았다.

이 세 박사의 인터뷰에서 흥미로운 것은 로켓의 비행 코스를 처음부터 일본의 북해도와 본토 사이, 즉 쓰가루 해협 방향으로 설정해 놓았다는 것과 로켓이 비행중 예정 궤도를 이탈할 경우, 로켓을 안전지대로 유도하여 자폭시킨다는 장치가 장착되어 있었다는 것이다.

북한의 미디어들은 '우리 과학자와 기술자들은 단 한 번의 발사로 로켓을 정확히 궤도에 진입시켰다'고 개발기술의 우수성을 자랑했는데, 확실히 북한의 국방산업은 일정 수준에 도달되었음을 알 수 있다. 그런데 그 중심적인 역할을 담당한 사람이 바로 김정일의 과학부분 자문역으로 알려진 서상국 박사이다.

서 박사는 북한 내에서는 '과학의 천재'로 알려진 인물인데, 소련 유학시에는 너무도 두뇌가 우수하여 가르치는 소련의 지도교수 조차도 놀라 소련에 잔류할 것을 간청했다는 이야기가 있다. 그러나 서 박사는 북한에 돌아와 국방과학원 연구사(研究士)를 거쳐 김일성종합대 물리학부 강좌장에 취임했는데 현재까지도 계속 그 자리에 머물고 있다.

Q 3 북한의 미사일 성능은 어느 수준 인가?

A 정확성이 떨어지고, 수준은 매우 낮다.

현재 북한이 실전에 배치했거나 또는 현재 개발중인 탄도 미사일은 대략 6가지의 종류가 있다.

① **스커드 A** : 80년에 개발을 시작하여 84년에 완료된 탄도 미사일 제1호이다. 탄도중량이 1톤에 이르며, 사정거리는 280~300킬로미터이다.

② **스커드 B** : 앞서도 언급했듯이 이집트에서 제공한 소련제 스커드 B를 개량하여 사정거리를 늘린 것이다. 사정거리는 320~380킬로미터이다. 탄두의 탑재 가능 중량은 1톤 정도에 이르지만 명중률이 낮아 명중오차(50% 명중하는 원의 반경)는 500~1,000미터로 추정된다.

③ **스커드 C** : 스커드 B의 동체를 세로로 확대하여 사정거리를 600킬로미터까지 확대한 것이다. 다만 이것은 탄두에 0.5톤의 폭탄을 탑재한 경우인데, 1톤의 탄두라면 400킬로미터를 날아갈 수 있다. 명중의 정확도는 떨어지며 명중오차는 1~2킬로미터로서 노 컨트롤 미사일이다.

④ **노동 1호** : 스커드의 기술을 연장시킨 것으로서 90년부터 개발에 착수해왔다. 탄두가 1톤의 경우, 사정거리는 1,000킬

로미터로 추정되며 명중오차는 2~4킬로미터이다. 이미 사정거
리 500킬로미터의 시험발사를 끝냈다.

⑤ **대포동 1호** : 북한이 개발한 중거리 탄도미사일이다. 당
초 이 대포동 1호는 노동 1호와 스커드 B를 결합시킨 2단식 미
사일로서 탄두에 1톤을 탑재했을 경우, 사정거리가 2,000킬로미
터에 이른다고 예측했지만, 98년 8월에 실지로 쏘아올린 대포
동 1호는 3단식으로서 탄두에 탑재한 중량은 20킬로그램 정도
였다.

⑥ **대포동 2호** : 준(準) ICBM 클래스의 탄도미사일이다.
중국의 DF3(동풍 3형) 로켓과 노동 1호를 결합시킨 것으로서
1톤 탄두의 경우 사정거리는 4,000킬로미터이다.

대포동 1, 2호의 정확한 명중률은 알 수 없지만 매우 낮은
수준이라는 것이 대체적인 결론이다. 따라서 일본의 미군 기지
를 정확히 미사일로 공격한다는 것은 불가능하다고 판단된다.
만일 적의 군사시설에 타격을 주려면 북한은 관성(慣性) 유도
장치를 개량하여 명중오차를 50미터 이내로 줄이지 않으면 안
된다. 그러나 인구밀집지역을 공격할 경우는 사정이 다르다.
핵무기나 생물, 화학무기를 탄두에 탑재하여 목표한 곳에 떨어
뜨린다면 명중오차가 1킬로미터라 해도 목적을 달성할 수가
있다.

북한의 미사일 사정거리

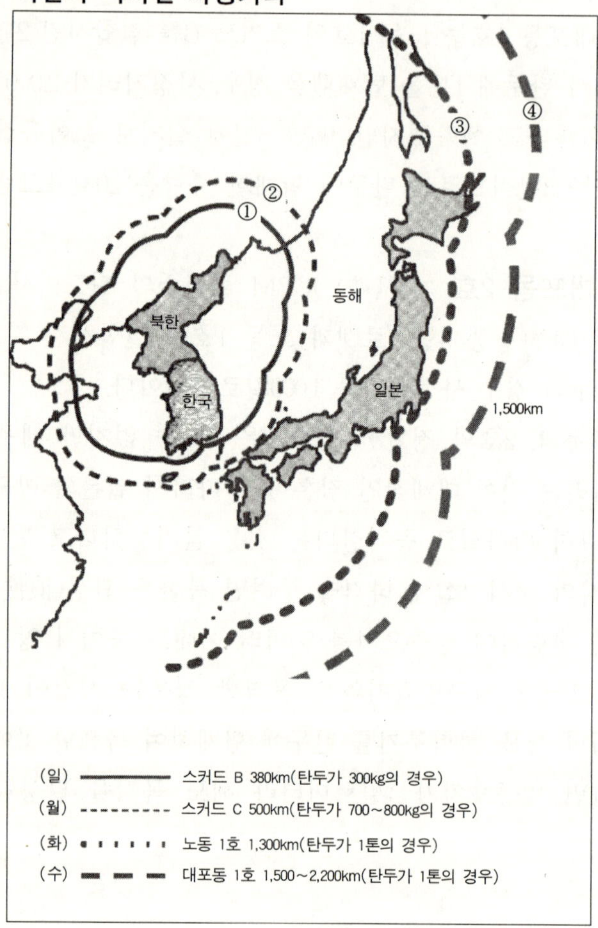

(일) ──────── 스커드 B 380km(탄두가 300kg의 경우)

(월) ‑‑‑‑‑‑‑‑ 스커드 C 500km(탄두가 700~800kg의 경우)

(화) ▪▪▪▪▪▪▪ 노동 1호 1,300km(탄두가 1톤의 경우)

(수) ━━ ━━ ━━ 대포동 1호 1,500~2,200km(탄두가 1톤의 경우)

일본을 완전히 사정권 내에 둔 북한의 탄도미사일. 첫번째
타깃은 미군기지가 아닐까(사진은 오키나와의 캠프한센).

Q4 북한은 ICBM을 개발할 수 있을까?

A 불완전한 것이라면 수년 내에 개발해낼 가능성이 크다.

98년 7월 미 의회의 위촉을 받은 '미국에 대한 탄도미사일 협위(脅威) 평가위원회'는 북한의 미사일에 관한 긴급 리포트를 종합하여 의회에 제출했다. 라므즈펠드 전 국방장관이 위원장직을 맡고 있는 이 위원회는 그 보고서 가운데 '대포동 2호는 거의 완성되었으며 반년 이내에 발사실험이 가능하다'고 분석하면서 대북정책의 재검토를 제언했다.

그 분석의 한 근거로써 동위원회는 북한의 〈노동신문〉(96년 12월 24일자)의 김정일 최고사령관 취임을 축하하는 특집기사 중에서 '김정일 동지 지도하에 군사적인 기적이 일어났다'고 주장한 대목과 대미 비난시에는 반드시 '적이 지구상 어디에 있든지 타격을 가할 수 있다'고 장담한 것을 예로 들고 있다.

그러나 국방성은 대포동 1, 2호에 대해 어느 정도 정보를 갖고 있지만 직접 미 본토를 위협할 장거리미사일 대포동 2호가 2005년까지 실용화된다는 가능성에 대해서는 극히 회의적인 견해를 표시하고 있다.*

그런데 약 1개월 후인 8월 31일, 대포동 1호의 발사실험이 실시되자 미 국방성의 견해는 엎치락뒤치락 뒤바뀌어 북한 정세에 대한 인식의 허술함을 드러 냈다.

국방성이 추정하는 것처럼 사정거리가 5,000킬로미터라고 한다면 확실히 ICBM의 최저 사정거리인 6,400킬로미터까지는 불과 얼마되지 않는다. 그뿐만이 아니라 북한에서 미국 본토까지의 직선거리인 9,000킬로미터도 멀지 않아 달성될 것이 틀림없다.

그러나 진정한 ICBM을 개발하려면 대기권에 정확히 재돌입하는 기술이 필요하며 명중률도 개선되지 않으면 안 된다. 대포동 1호의 CEP(半數必中界)는 1킬로미터당 5미터, 2,000킬로미터라면 10킬로미터가 된다. 대포동 2호의 명중 정확도도 이와 똑같다면 사정거리 9,000킬로미터의 경우, 명중오차는 45킬로미터가 된다. 그 수치로는 선진국의 ICBM이 모두 0.1~0.2킬로미터인데 비해 비정상일 정도로 높다. 이 점을 개선하는 데에는 MIRV**의 도입 등 넘어야 할 관문이 많다.

---

* 98년 2월 3일 발표된 〈98년 국방 보고서〉

** 복수개별 유도탄두를 말한다. 미사일에 복수의 탄두를 장착하여 탄도 비행중에 하나하나 분리되어 목표를 향해 날아가도록 하는 유도방식이다. 탄두수는 3발에서 4발의 것이 있다.

Q5 노동 미사일이나 대포동 미사일을 어떻게 사용해야 위력을 발휘할 수 있는가?

A 핵이나 생물화학 무기를 탄두에 장착하면 파괴력은 상상할 수 없을 정도로 커진다.

노동이나 대포동 미사일이, 비행거리가 길다는 것만으로는 아무런 도움이 되지 못한다. 통상적인 폭탄을 탑재하는 한 위력은 다른 미사일과 다를 바가 없다. 그러나 이 미사일에 생화학무기나 핵무기가 장착되면 파괴력은 상상도 할 수 없을 정도로 커진다.

지금까지 핵무기가 실지로 사용된 예는 일본의 히로시마와 나가자키 뿐이다. 그 이후로는 지금까지 단 한 번도 사용된 일이 없다. 그 대신 화학무기는 전쟁이나 분쟁이 일어날 때마다 국지적으로 사용되어 왔으며 이로 인해 무수한 인명이 살상되었다.

화학무기의 대표적인 것은 '신경제' '혈액제' '미란제' '질식제'의 4가지이다.

신경제는 인간의 신경계통을 급격히 마비시켜 죽음에 이르게 하는 유독화학제인데, 대표적인 것으로서 사린, 다븐, 소만, VX가스 등이 있다.

혈액제는 혈액 중의 산소를 한순간에 흡수해 버리는 유독 화학제로서 대표적인 것에 청산가스와 염화시안이 있다.

미란제는 피부와 기관의 조직을 파괴하여 죽음에 이르게 하는 유독화학제인데, 대표적인 것에는 이페리트(머스터드 가스)나 루이사이트가 있다. 이페리트는 겨자와 같은 냄새를 풍긴다.

질식제는 기관지나 폐에 들어가면 폐수종(肺水腫)을 일으켜 죽음에 이르게 하는 유독화학제인데 대표적인 것에는 호스겐이 있다.

또 하나 잘 알려진 것이 '**바이날리**(이원식의 뜻)' 이다. 이것은 탄두에 두 종류의 화학약품이 채워져 탄두가 폭발할 때 서로 섞여 치사성의 가스가 발생하는 구조로 되어 있다.

이처럼 화학무기에는 여러 가지 타입이 있지만 모두가 하나의 공통점을 지니고 있다. 그것은 살상능력이 뛰어난 것일수록 적은 예산으로 제조할 수 있다는 점이다. 이 때문에 군비의 증강을 서두르는 제3세계의 나라들은 앞다투어 화학무기의 개발을 서두르고 있다. 그 전형적인 나라가 바로 북한이다.

북한은 현재 세계 제3위의 화학무기 보유국이다. 북한에는 8개의 제조공장과 6개의 저장소가 있는데 신경제와 질식제를 중심으로 약 1,000톤을 보유하고 있는 것으로 알려지고 있다.

그렇다면 북한은 이와 같은 화학무기를 유사시에 사용할 가능성이 있을까?

현실적으로 '없다' 고 단언하기가 어렵다. 북한은 화학전에 대비한 훈련을 이미 630회나 실시하고 있으며, 이 밖에도 화학 방어부대까지 창설을 끝냈다. 영국의 군사전문가인 마이켈 시한은 '다연장로켓포와 박격포에 화학폭탄을 장착해 놓고 언제라도 발사가 가능하도록 임전태세를 갖추고 있다'고 분석했다. 시한은 생물무기의 실태에 대해서도 언급하면서 고도의 기술이 요구되는 화학무기의 개발은 늦어지고 있지만, 이미 13종류의 세균무기는 개발되어 있다고 보고했다.

생물무기는 대인제(代人劑), 대동물제, 대식물제로 크게 나눌 수 있다. 그 중에서도 대인제는 바이러스 무기(황열, 유행성 감기 등), 리케차 무기(발진티푸스 등), 세균무기(장티푸스, 이질, 탄저 등), 외독소(外毒素 : 보툴리누스균 등)가 있다.

영변의 핵시설 의혹을 둘러싸고 일촉즉발의 상태에 빠진 94년 3월에 망명한 이충국 하사관은 화학무기에 대해 증언할 수 있는 유일한 망명자이다. 필자는 망명 직후 이충국을 만나 북한의 생화학무기의 실태에 대해 질문해 보았다. 다음은 그 핵심부분이다.

─화학무기의 실상에 대해 듣고 싶다.

화학무기를 담당하는 부처는 화학방위국으로서 그 산하의 공장들은 아오지, 청진, 함흥, 흥남, 혜산, 강계, 순천, 신의주 등에 있다.

─세균무기는 어디에서 연구하는가?

김일성종합의과대나 군의(軍醫)대학, 그리고 세균연구소 등

이다. 화학방위국에서는 살린이나 이페리트(미란성 독가스),
청산가스, 염화시안, CN(최루성 독가스), VX(치사성 신경가
스) 등을 비축하고 있다.

—북한은 그것들을 독자 생산하고 있는가?

화학무기는 독자적으로 생산하고 있다. 비닐론의 연구가로
알려진 이승기 박사 등이 60년대에 들어와 연구에 착수하여
그후 생산까지 하고 있다. 화학방위국에서는 소련이나 동독 등
외국에 많은 연구생을 보내고 있다.

—외국인 기술자는 없는가?

그 동안 구소련에서 많은 기술자를 데리고 왔다.

—전쟁을 위한 연구와 생산인가?

그렇다. 17핵화학방위대대와 18대대에서는 현재 훈련탄을 사
용하고 있다. 실탄을 사용하면 희생자가 발생하기 때문이다.
훈련탄을 사용하여 연습을 하더라도 사상자가 발생하는 경우
가 있다. 액체를 사용한 것도 있는데 그것들은 대부분 독가스
이다. 훈련은 중대별로 하고 있다.

—어디에서 훈련하는가?

주거지역에서 십리(4킬로미터), 20리(8킬로미터) 떨어진 곳
에서 행한다.

이처럼 북한은 생화학무기를 대단히 중시하고 있다.

Q 6 노동 미사일과 대포동 미사일은 이미 실전 배치되고 있는가?

A 노동 미사일은 실전 배치를 끝냈다. 대포동 미사일은 2001년 또는 2002년경 배치를 끝낸다.

북한은 93년 5월 동해를 향해 노동 1호의 시험발사를 실시했는데 시험발사는 그것 한번뿐이고 94년부터 생산에 들어갔다. 그리고 실전배치도 완료된 듯하다.

한국의 천용택 전 국방부장관은 98년 11월 6일 재향군인회 주최의 강연에서 "북한은 연말까지 사정거리 1000킬로미터의 노동 1호 미사일 9기를 실전 배치 할 것으로 예상된다"고 말했다.

노동 1호의 전례에 비추어 대포동도 단 한 번의 시험발사로 실전 배치될 가능성이 높다. 그 시기를 한국은 98년 9월의 시점에서 4, 5년 후인, 즉 2002년 내지는 2003년으로 예측하고 있는데(천용택 전 국방장관) 미국은 그것보다 빠른 시기로 내다보고 있다.

미 CIA는 빠르면 2001년까지 실전 배치가 가능하다고 분석했는데 일부에서는 999년 말까지도 실전 배치가 가능하다고 예측한다.

일본 정부(방위청)는 빠르면 99년도 말, 늦어도 2002년 또는

2003년에는 완전히 배치가 완료된다는 견해를 갖고 있다.

미국이 신경을 곤두세우고 있는 것은 대포동 2호쪽이다. 이것은 사정거리가 최대 6,000킬로미터에 이르러 하와이나 알래스카가 사정권 내에 들어간다.

이 대포동 2호에 대해서도 미 CIA는 빠르면 2002년 내에 배치될 가능성이 있다고 분석했다.

일본 방위청은 대포동 2호의 개발은 당초의 예상보다 더 빠른 속도로 진행되고 있는데 99년 중에 발사실험을 끝내고 2001년에는 완제품을 생산해 낼 것으로 추측하고 있다.

일본의 국방정보 당국은 2002년까지 북한이 대포동 1호를 비롯하여 2호까지 실전 배치하는 배경에는 하나의 이유가 있다고 보고 있다.

2003년은 북미간에 합의한 제네바 협정의 이행기간이 끝나는 시기이다. 미국은 아무리 노력해도 그때까지 제네바 합의(경수로 2기의 완성)를 이행할 가능성이 없다. 그렇게 되면 다시 한반도에는 위기가 찾아온다는 것이다.

수면하에서는 지금부터 이에 대한 대응이 치밀하게 모색되고 있다. 특히 북한은 대포동 2호의 조기 완성을 위해 안간힘을 쓰고 있다. 이를 가능케 해줄 요원들은 러시아에서 데려온 수백명의 군사전문가와 기술자들이다. 이들이 대포동 2호를 단기간내에 완성시키는 일은 그다지 어려운 일이 아니다.

Q 7 북한의 미사일 발사를 사전에 탐지하는 것은 가능한가?

A 사전에 탐지한다는 것은 무리다. 그러나 발사 직후에 탐지하는 일은 가능하다.

미사일 발사를 실지로 탐지하는데 있어서 일본의 경우, 항공자위대의 조기경계관제기(AWACS) E-767, 이지스 시스템을 탑재한 해상자위대의 호위함 '공고', 전자전 데이터수집기(收集機) EP-3 등이다. '공고'처럼 이지스함(艦)의 레이더는 대포동의 추적을 정확히 포착할 수 있다. 그러나 정찰위성이 없기 때문에 미사일 발사의 사전정보는 미국에 의존하지 않으면 안 된다.

미국의 탐지능력은 기본적으로 지구 궤도상에 떠다니는 많은 정찰위성에 의지하고 있다. 적도 상공 3만5000킬로미터에 위치한 조기경보위성(DSP)은 북한의 미사일 발사 순간을 곧바로 포착할 수가 있다.

미 국방정보국은 미사일이라고 인정되는 물체를 추적하기 위해 고도 3만킬로미터의 정지 궤도에 떠 있는 해양감시위성을 가동시킬 수도 있다. 또 정찰위성 KH-9, KH-11로도 발사 순간을 포착할 수 있다. KH-9와 KH-11은 하루 2, 3회 북한 상공에 날아가 군의 이동이나 스커드 미사일 기지의 동정을 살피고 있다. KH-12의 경우 고도 100킬로미터 이상의 대기권 밖에서 재돌입하는 미사일의 궤도를 추적하여 미사일의 성능과 특성을 알아낸다.

또 RC-135 정찰기(코브라 볼)은 미사일이 발사된 순간부터 미사일을 정밀히 추적하는 능력을 갖고 있다. 미국은 이 밖에 대북 정찰용으로 U-2R을 3기 보유하고 있다.

한국 오산공군기지에서 발진하는 U-2R은 전자파를 물체에 반사시켜 대상 지역의 군사 동태를 정밀히 촬영하는 정찰기로서 24시간 교대로 북한의 군사 동향을 세밀히 체크하고 있다.

일본 오키나와의 가데나 기지에 배치되어 있는 조기경계관제기(AWACS) E-3도 수시로 한반도 주변 상공에 출동하여 북한의 움직임에 민감한 반응을 나타내고 있다.

E-3은 반경 350킬로미터 이내의 항공기나 차량의 움직임을 즉시 포착할 수 있다.

그러나 이같은 하이테크 정찰기를 갖고 있으면서도 미국의 정보수집 능력에는 한계가 있다. 그것을 여실히 말해준 것이 김일성 사망을 즉각 포착하지 못한 점이다. CIA는, 김일성이 사망한 94년 7월 8일 오전 2시부터 북한의 공식발표가 있던 다음날 9일 낮 동안 무려 34시간 가량 그의 사망을 감지하지 못했다. 이것만이 아니다. 98년 5월 인도의 전격적인 핵실험에 대해서도 미 CIA는 사전에 정보를 입수하지 못했다.

Q 8 패트리어트 지대공 미사일은 북한의 미사일을 저지할 수 있는가?

A 완벽하게 저지한다는 것은 어렵다.

보통 스커드 미사일의 발사를 탐지하고, 그 사실을 패트리어트 미사일 부대에 연락하여 실탄을 발사하기까지에는 3분에서 5분이 걸린다. 북한이 휴전선에 배치한 스커드 미사일을 발사하면, 수도 서울에는 불과 2분 만에 도달한다.

그렇다면 일본의 경우는 어떠한가?

북한이 작년 시험 발사한 대포동 미사일은 3단계로 되어 있는데 북한의 발표에 의하면, 1단계는 1분 15초 후에 동해(공해)에, 2단계는 4분 26초 후에 일본 열도를 횡단하여 미리쿠 앞바다에 떨어졌다(3단계는 5천수백킬로미터를 날아가 알래스카 앞바다에 떨어졌다).

물론 발사장이나 발사대의 각도에도 관계가 있지만 대포동은 3, 4분 내에 일본 열도에 도달할 수 있다는 것이다.

그 미사일을 요격하는 일본의 미사일 방위망은 패트리어트 미사일을 주축으로 하는 PAC-1이다.

패트리어트 미사일은 처음에는 전투기 등 공중목표물을 요격하는 지대공 미사일이었지만 그 후 개량이 거듭되어 탄두

미사일 요격용이 되었다. 직경 41센티미터, 길이 5.2미터, 무게 907킬로그램, 속도는 마하 3이다. 그리고 최대 사정거리는 160킬로미터이지만 유효 사정거리는 70킬로미터 정도이다.

북한으로부터 미사일이 발사될 경우, 우선 탐지위성이 30초 이내에 열감지로 그것을 알아내고 지상의 컨트롤 센터를 통해 패트리어트 기지에 통보된다. 이렇게 하여 입수된 정보에 의해 발사된 패트리어트 미사일은 스커드 미사일이 날아오는 방향을 향해 요격에 나선다.

그런데 문제는 명중률이다.

걸프전쟁 때 이라크가 발사한 미사일은 이스라엘에 42발, 사우디아라비아에 46발, 도합 88발이다. 그런데 미국은 당초 96%를 파괴했다고 발표했지만, 그후 이스라엘에서는 약 40%, 사우디아라비아에서는 70%의 명중률이 확인되었다.

거기에다 명중이 되었다 해도 탄두에 장착된 폭탄이 터지지 않고 그대로 지상에 떨어져 피해가 발생했다. 미국의 회계감사원은 93년 9월 보고서를 발표하고 '스커드 미사일은 낙하 도중 폭탄이 장착된 탄두와 추진부분이 분리되는데, 피해를 내지 않도록 하기 위해서는 탄두부분을 파괴하지 않으면 안 된다. 그런데 탄두가 패트리어트에 의해 확실히 파괴된 것은 9%에 지나지 않았다'는 사실을 분명히 했다. 그렇다면 파괴률은 10분의 1에 불과하다는 것이 된다.

한편 북한이 소유한 스커드 C는 경량화되었는데 걸프전쟁에서 이라크가 사용한 스커드 B보다 대기권 재진입시의 속도가 40%나 빨라 사정거리가 월등히 길다.

걸프전쟁의 경험을 바탕으로 미국은 최첨단 추적장치를 장착한 PAC-2를 개발하여, 92년 5월 뉴멕시코주에서 실험을 하여 성공했다. 이 때문에 정확도가 현저히 향상되어 지상의 컨트롤 센터의 지시 없이도 목표물에 접근할 수 있게 되었다. 그러나 PAC-2는 수비범위가 좁다는 약점이 있다.

그런데 노동 또는 대포동 미사일에 화학탄이 장착되어 발사된다면 어떻게 대응해야 할까?

결론부터 말한다면 일본의 대공망으로는 B무기(세균)나 C무기(화학)에 대응할 재간이 없다. 가령 세균과 화학 무기를 해상에서 사용할 경우 그것들이 편서풍을 타고 일본 전역에 뿌려질 것이 틀림없기 때문이다. 따라서 피해를 최소화하려면 대기권 밖에서 폭파시키지 않으면 안 되지만 PAC-2의 수비범위는 30킬로미터밖에 되지 않는다.

현재 미국은 PAC-3를 개발중이지만 그것을 일본에 실전 배치한다는 것은 아직 이른 이야기라고 하겠다.

일본은 미국이 개발중인 초고속 미사일 서드(THAAD)*와 에린트(ERINT)**에 관심을 갖고 있다.

---

* 미 육군이 전역(戰域) 미사일 방위(TMD)의 육상배치의 상층용으로 현재 개발 중인 요격 미사일 시스템
** 로럴&컨트롤 시스템즈사(社)의 요격 미사일. RINT는 사정확대 미사일임

패트리어트 미사일의 발사기지

 중동 여러 나라에 미사일을 공급
하는 까닭은?

A 외화와 석유를 손에 위해서 때문이다.

북한이 중동에 미사일을 수출하게 된 당초의 배경은 반미, 반식민지주의를 확대하기 위한 국제적 유대관계 때문이었다.

'제국주의 타도' '식민지 해방'을 내걸고 제3세계에 대해 영향력을 넓혀 나가던 북한이 중동전쟁 때에는 일관되게 팔레스타인 해방을 지향하는 '아랍의 대의(大義)'를 지지하고 있었다. 이 원칙은 지금도 변함이 없다. 이란, 시리아, 리비아 3개국은 쿠바와 함께 북한이 내세우는 '반미 동지'이다.

그러나 최대의 원조국이었던 소련이 붕괴되면서 경제난을 겪게 되자 현재의 미사일 수출은 완전히 외화 획득용 수단이 되고 있다.

북한은 그 동안 미사일 수출을 일관되게 부인해 왔다. 그러다가 98년 6월 16일 조선중앙통신을 통해 "미사일 수출은 (미국의 경제 제재하에 있는) 현상태에서는 부득이한 외화 획득의 수단이다"라고 시인했으며, 미사일 판매와 석유와의 교환거래를 인정했다. 이런 상태에서 북한은 미국에 대해 미사일 수출중지의 대가로 경제적인 보상을 요구해 왔다.

한국 정부의 통일부 통계에 의하면 북한은 87~92년까지 이란 또는 시리아 등에 미사일 약 250기(5억 8000만 달러 상당)를 매각했다. 이란은 92년 북한으로부터 미사일 150기를 일괄구입(구입액은 3억 2000만 달러)했는데 그때 대금의 70%를 원유로 지불했다.

또 94년 1월 현재 군총정치국장의 자리에 있는 조명록 공군사령관(당시)을 단장으로 하는 군사대표단이 이란을 방문하여 '신군사, 핵협력강화협정'을 체결했으며, 이란은 북한으로부터 50억 달러 상당의 미사일(노동)을 구입하겠다는 계약을 맺고 있다. 이란은 노동만이 아니라 대포동 미사일까지 넘보고 있는데, 이란 외에 시리아도 이미 군사대표단을 대포동 미사일 시험발사 후 평양에 보내(11월 13일) 구매상담을 벌였다. 대포동 미사일에는 상당히 비싼 값이 매겨져 있는 듯하다.

특히 80년부터 93년까지 북한의 총수출액 240억 달러 중 무기수출액 30%를 차지하고 있음을 한국측은 분석하고 있다.

Q 10 북한과 이란의 밀월 관계는 아직도 계속되고 있는가?

A 그렇다. 노동 미사일의 '대리시험 발사'를 허용할 만큼 친밀한 사이이다.

앞서 언급한 것처럼 북한의 미사일 개발은 이란, 이라크 전쟁중인 84년에 이란으로부터 제공되는 자금지원을 계기로 본격화하기 시작했다. 이 자금지원의 조건은 빠른 시일 내에 스커드 B 미사일을 공급한다는 것이다.

북한은 이란의 자금지원을 배경으로 스커드 B(개량형)의 개발에 성공(84년), 87년 7월부터 이란에 공급하기 시작했다.

또한 이란에게 스커드 B의 조립 및 생산 설비도 제공했다. 이 스커드 B는 이란혁명방위대 산하의 공군미사일부대에 배치되어 이란, 이라크 전쟁중 88년의 '도시공격전'에서 위력을 발휘했다.

또한 이란에게 91년에도 사정거리 600킬로미터의 스커드 C 100기를 공급했다고 한다. 특히 미사일 매각과 병행하여 양국간에 군 수뇌의 교류도 활발해졌다.

92년 12월 이란혁명방위대의 최고사령관이 평양을 방문하여 국가원수급의 대우를 받았다. 또 93년 5월 노동 미사일이 노도반도 바다쪽을 향해 발사될 때 '이란대표단이 발사현장에 함께 동석했다'고도 한다.

양국 관계는 93년이 되면서 더욱 긴밀해져, 3월에는 혁명방위대 미사일 부대의 장교들로 구성된 대규모 대표단이 북한을 방문했다. 또 6월에는 이란혁명방위대 최고사령관의 재방문, 12월에는 푸르선디 국방군 수상(國防軍需相)의 방문도 있었다.

94년 1월 이번에는 조명록 공군사령관(당시)을 단장으로 하는 군사대표단이 이란을 방문하여 '신군사·원자력강화협정'을 체결했다. 이란이 북한으로부터 노동 1호를 구입하는 대신, 북한은 이란이 보유하는 사정거리 500킬로미터의 미사일을 노동 1호로 개량해주기 위한 기술협력에도 합의했다.

94년 2월 〈뉴스위크〉지는 당초 이란의 대표단이 노동 미사일의 구입을 위해 평양을 방문할 예정이었지만 북한측의 요청으로 중지되었다고 보도했다. 이것은 당시 회자(膾炙)되기 시작한 북한과 이란간의 '노동 미사일 공동개발'의 소문을 잠재우기 위한 조치였다고 한다. 이처럼 양국의 긴밀한 연계에 의해 탄생된 것이 98년 7월 시험발사가 실시된 중거리 미사일 '샤하브 3'이다. 이것은 두말할 것도 없이 이란판 노동 미사일이며 이때의 발사실험은 북한 노동 미사일의 대리시험 발사라는 성격이 강하게 제기되었다.

 이란 이외의 나라에서도 북한의 미사일을 원하고 있는가?

A 아사드, 카다피 등 고립되어 있는 나라의 독재자들이 북한의 미사일을 원하고 있다.

93년 2월 24일 제임스 울지 CIA 국장(당시)은 미 의회에서 대량 살륙무기 확산문제에 대해 증언을 했는데 '북한은 최근 수 년 동안 서방 제국으로부터 무기를 입수하지 못한 이란과 시리아 등에 대해 중요한 무기 공급국으로 부상하고 있다'는 요지로 북한의 중동에 대한 무기수출에 우려감을 나타냈다.

북한은 무기판매 대상국을 어떠한 제한도 두지 않고, 대금만 지불하면 어떤 나라에도 미사일을 팔 수 있음을 암시했다. 이 때문에 중동의 바이어들에게 북한은 매력적인 나라로 비쳐졌다.

현재 알려진 정보에 의하면 북한제 미사일은 시리아와 리비아에 수출되고 있다. 이 양국은 미국이 테러국가로 지명하고 있는데다가 이란과 함께 가장 경계의 고삐를 늦추지 않는 나라들이다. 반면 이들 나라들은 북한처럼 반미 노선에 서 있는 전통적인 우방국들이다. 시리아의 아사드 대통령은 여러 차례 북한을 방문했으며 리비아의 최고지도자 카다피도 82년에 한 번 북한을 방문한 적이 있다.

시리아에 대한 미사일 수출은 90년부터 시작되었으며, 91년에는 스커드 C를 60기, 발사대를 12대나 매각했다. 북한과 시리아 사이의 중개를 이란이 맡아했다는 정보도 있는데 실제로 시리아에 수출된 미사일 중에는 이란을 경유한 것도 있다.

리비아는 북한에게 있어서 중동의 제3의 무기 구입국이다. 북한과 리비아는 카다피가 북한을 방문한 82년 11월에 동맹조약을 체결하고 '쌍방이 보유하지 않은 무기'를 상호 제공한다는 원칙에 합의했다.

문제의 인물인 후세인 대통령의 이라크에는 북한의 무기가 수출되지 않고 있다. 그러나 중동의 제3국을 경유하여 북한제 미사일이 이라크에도 흘러 들어가고 있으며, 걸프 전쟁때는 이라크가 이스라엘 공격용으로 사용한 북한제 미사일이 효과를 거두었다고도 한다.

이 밖에 95년에는 아프리카의 자이르공화국에도 미사일을 팔았다는 정보가 있다. 프랑스의 주간지 〈르 포왕〉이 보도한 바에 의하면 북한은 자이르와 94년 12월, 스커드 C 18기를 1억 달러에 팔기로 계약을 체결했다고 보도했다. 그러나 그 미사일이 자이르를 거쳐 제3국으로 간 것이 아닌가 하는 분석을 내놓고 있다. 이처럼 북한의 대중동 미사일 판매가 대량파괴무기의 국제적 확산을 저지하려는 미국의 목표에 위협을 준다는 것은 말할 필요도 없다.

Q 12 미사일 수출을 저지하기 위해 이스라엘은 어떠한 행동을 취했는가?

A 평양까지 찾아와 많은 조건을 제시하며 달래기 시작했다.

일본이 북한의 미사일 개발과 이들 무기의 실전 배치를 염려하고 있듯이 이스라엘도 북한제 마사일의 중동 수출에 신경을 곤두세우고 있다. 이스라엘과 적대 관계에 있는 이란과 시리아 및 리비아에게 미사일을 판매한다면 이스라엘의 안전보장에 큰 위협이 되기 때문이다. 이 문제를 해결하기 위해 이스라엘이 선택한 길은 국교가 없는 북한과의 직접 교섭이었다.

교섭은 92년 11월에 시작되었다.

북한의 이란, 시리아에 대한 미사일 수출이 표면화되자 벤톨 외무성 아시아 국장이 평양을 직접 방문하여 북한 외교부에 대해 미사일 매각을 중지해 줄 것을 호소했다.

이에 대해 북한 당국은 '이란과는 이데올로기면에서 연결된 것이 아니라 어디까지나 상업적인 면에서의 거래이다. 따라서 이스라엘이 이에 대한 적절한 보상을 해준다면 이란에 대한 미사일 판매를 중지할 용의가 있다'고 응수했다.

이때의 교섭에서 북한은 자금난으로 개발이 중단된 운산(평안북도) 금광에 3억 달러를 투자해줄 것을 제의했는데 이스라엘은 이 제안을 긍정적으로 검토하기로 하고 지질조사단을 보내겠다고 약속했다.

그후 이스라엘 외무성의 대변인은 북경에서 북한과 접촉한다고 발표했다. 그리하여 7월에 개최된 북경회담에서는 북한이 이란에 대한 미사일 수출을 중지하는 대신 이스라엘이 경제협력에 나서는 문제가 논의되었다. 그 일환으로 이스라엘 '머크리치' 사(社)의 무역사절단이 북한을 방문하여 북한측과 곡물 및 원유 원조에 대한 구체적인 방법을 논의했다. 그러나 공교롭게도 북한과 핵사찰 문제로 교섭을 벌여오던 미국의 압력 때문에 같은 해 8월 16일 이스라엘측은 갑자기 이 교섭을 중단시키고 말았다.

그 대신 이스라엘은 한국과의 협력관계에 나섰다. 이스라엘의 일간지 〈에디오트 아하로노트〉(93년 12월 4일자)에 의하면, 이스라엘 군관계자는 텔아비브를 방문한 한국의 정보당국자에게 이스라엘 공군에 의한 이라크의 오시라크에 있는 핵시설 공폭작전(空爆作戰)(81년)에 관한 자세한 정보를 제공해 주었는데 한국측은 그 대가로 북한이 이란과 시리아에 대한 미사일 수출 정보를 넘겨주었다.

미국이 북한의 미사일 수출을 염려하는 것은 순전히 이스라엘의 이익을 위해서이다.

Q 13 북한이 대포동 미사일의 발사를 인공위성이라고 주장하는 근거는?

A 발사 후의 시간, 모스신호, 궤도 등을 들고 있다.

북한이 대포동 미사일이 아니라 인공위성이라고 공식 발표한 것은 발사한 지 4일이 지나서였다. 그런데 그들이 인공위성의 근거로서 다음의 3가지를 제시하고 있다.

① 발사후 4분 53초 만에 위성을 궤도에 진입시켰다.

② 위성으로부터 '김일성 장군의 노래'와 '김정일 장군의 노래' 및 '주체조선'이라는 모스신호의 슬로건이 27메가헬츠로 지구에 송출되었다.

③ 탄도미사일은 최종 단계에서 지구의 수평면과 40~45도의 경사각을 이루면서 탄도의 항로를 따라 대기권에 재돌입하지만, 이번의 경우는 3단계인 엔진에 점화할 때 지구의 표면과 수평을 유지하면서 궤도에 진입 선회했다.

그리고 북한은 발표가 4일 정도 늦어진 이유에 대해 "당초에공표하기로 했으나, 쏘아올린 위성의 궤도 진입을 확인하고 아울러 측정자료 등을 수집한 다음 신중을 기해 공표하기로 했다"(발사실험에 관여한 과학자)고 해명했다. 또한 사전통고 없이 발사한 것에 대해서는 "인공위성을 쏘아올리는 것은 그

나라의 주권에 속하는 문제이므로 어느 나라에도 사전 통고할 의무가 없다"고 말했으며, 특히 사전통고가 없었던 것에 강하게 항의하는 일본에 대해서는 '일본도 과거 68회에 걸쳐 위성을 쏘아 올렸지만 우리나라에 단 한 번도 사전통고를 하지 않았다'고 비난했다.

그리고 인공위성을 발사한 목적에 대해 다음과 같은 이유를 들었다.

① 다단식 운반로켓에 의해 위성을 궤도에 정확히 진입시키는 기술을 터득하기 위함이다.

② 다단식 운반로켓의 구조를 알아내고, 조종기술을 높이기 위함이다.

③ 우주공간의 환경을 연구하고, 그 환경하에서 전자장치 등이 정확히 작동하는가의 여부를 검증하기 위함이다.

④ 위성관측 시스템을 완성시킴으로써 우주의 평화적 이용에 공헌하기 위함이다.

미국, 중국, 한국은 '북한이 위성을 쏘아올리려고 시도했지만 결국 궤도 진입에 실패했다'는 인공위성론을 주장하고 있지만, 미국과 한국은 발사로켓 자체를 대포동일 것으로 보고 있다.

그러나 일본은 궤도에 진입했다는 인공위성을 어느 나라도 확인한 바 없으며, 위성으로부터 발신되었다는 모스신호도 확인되지 않은데다가 특히 궤도 진입에 필요한 속도를 확보하지 못함을 들어 대포동설의 주장을 바꾸지 않고 있다.

4

제2차 한국 전쟁
시나리오는 이렇다

북한의 특수전부대 (사진제공 : 동아일보)

전쟁 발발시, 중심인물이 되는 사람은?

A 실지로 전쟁을 지휘하는 자는 김정일과 김하규 라인일 것이다.

전쟁이 발발했을 때의 북한군(인민군) 지휘체계를 한국군과 비교하면서 설명하기로 한다.

한국군은 육·해·공 3군의 합동군 체제를 취하는데 대해 북한군의 첫번째 특징은, 인민군 총참모부가 육·해·공군을 통괄 지휘하는 단일 통합군 체제를 취한다는 것이다. 이 때문에 모든 권한이 총참모부에 집중되며, 전쟁이 발생했을 때에도, 총참모부가 컨트롤 타워의 역할을 담당한다. 현재의 인민군 총참모장은 김영춘 차수(次帥)로서, 95년 10월 군 인사이동에서 제6군단 군단장에서 일약 총참모장으로 발탁되었다.

두 번째 특징은, 총참모부 산하에 12개의 '군단'이 있다는 것이다. 이것은 구소련의 군관구 또는 중국의 군구에 해당한다. 그 중에서도 엘리트색이 강한 부대 38선 부근에 배치된 1, 2, 4, 5군단으로서 1군단은 해주에, 그리고 1군단은 준양에, 2군단은 개성에, 4군단은 해주에, 5군단은 철원에 사령부가 있다. 각 군단 사령관에 해당하는 군단장은 강력한 권한을 갖고 있는데 순위상으로는 해군사령관 또는 공군사령관과 동등한 위치라고 하겠지만 권한면에 있어서는 월등히 강력하다.

북한군의 세 번째 특징은, 정부가 아니라 당의 통제를 받고 있다는 점이다. 이 때문에 군령권(軍令權)은 총참모부에 있으며 정령권(政令權)은 인민군 총정치국에 있다.

총참모부에는 전투훈련국을 비롯하여 많은 부국(部局)이 있는데 유사시에 중심적인 역할을 하는 곳이 작전국이다. 국장인 김하규 대장은 오랜 세월 포병교도국장의 자리에 있다가 전임자인 김명국 대장의 군단장 전출에 따라 그 후임 자리에 앉게 되었다. 김하규 대장에 대해, 황장엽 전 노동당 서기는 유사시에 실지로 전쟁을 지휘하는 자는 김정일—김하규 라인이라고 말했다. 이 밖에 전략가로 알려진 공군사령관 오금철 상장(上將)도 큰 역할을 담당할 가능성이 있다.

또 하나 중요한 점이 있다. 그것은 인민군에 소속되지 않는 군사조직이 여러 개 있는데 이것들을 통제하는 곳이 사실상의 최고 의사결정기구인 국방위원회이다. 국방위원회의 멤버로는 국가보위총국장 이을설 원수, 인민무력부장 김일철 차수 외에 사회안전부장 백학림 차수, 보위사령관 원응희 대장 등이 포함된다. 보위사령부는 비밀정보기관이라고 하기 보다는 경호군에 가까운 존재이다. 국가보위총국은 북한 특유의 KGB이며, 사회안전부는 일반경찰 내지는 내무부에 가깝다. 이것들은 어느 것이나 독자의 군사조직을 갖고 있다.

Q 2 북한은 전쟁을 수행할 준비가 되어 있는가?

A 충분하다. 그러나 장기전에는 무리라고 본다.

김정일은 96년 12월 7일 김일성 종합대를 시찰했을 때 '인민 군대에게도 충분한 식량을 공급하지 못하고 있다. 군량미가 없으면 적과 싸우더라도 이길 수 없다'고 말하면서, 식량부족이 군대에까지 미치고 있음을 인정했다. 만일 이 말이 사실이라면 북한은 전쟁을 수행할 수가 없다.

북한은 과연 한미연합군과 싸울 만큼의 비축미가 없다는 말인가?

한미 양국이 큰 관심을 갖는 것은 95년의 수해가 쌀비축에 얼마나 큰 영향을 미치고 있는가이다.

만일 군량미를 국민에게 방출했다면 쌀의 비축량은 크게 감소했을 것이 틀림없다.

그러나 무엇보다도 군사적인 문제를 우선시하는 북한 당국이 비축미라는 안전보장에 직결되는 '전략물자'를 그렇게 호락호락 국민들에게 방출할 리가 없다. 그렇지만 비축미의 양이 다소 줄어든 것만은 사실일 것이다.

북한 내의 저장소는 140만 톤이면 가득 찬다. 그런데 한국 당국의 추정에 의하면 95년 말 현재 북한의 쌀 비축량은 120만

톤 정도라고 한다.

군량미의 개념은 군인 당사자뿐만이 아니라 가족몫까지 포함된다. 그렇다면 120만 톤만 있으면 전쟁이 일어나도 6개월은 버틸 수 있다.

북한의 정규군은 100~120만 명으로 추정되는데 가령 한 사람 앞으로 배급되는 양이 하루 700그램(특수부대는 800~1,000그램)이라고 가정하면 1년간 필요한 양은 25만 6000~30 만톤에 이른다. 여기에다 가족분을 감안할 때 2.5~3배 정도이므로 정상적인 배급은 보장된다.

군량미의 저장시설은 평안남도(37개소, 21만 7000톤), 평안북도(39개소, 20만톤), 함경남도(28개소, 14만톤) 그리고 평양(13개소, 6만 9000톤) 등에 집중되어 있으며, 비축기간은 대체로 6개월에서 3년 정도가 된다.

연료와 탄약 그리고 여러 부품에 대해서도 단기전을 수행할 수 있는 정도의 물량을 충분히 확보하고 있다. 북한은 수백 개의 저장시설을 비밀리에 건설해 놓고 휘발유 등의 연료를 450만 배럴, 탄약류를 100만 톤 정도 비축해두고 있는 것으로 추정된다.

그 정도만 있으면 최저 1개월, 상황에 따라서는 수개월간 전쟁을 치를 수 있다고 미 국방정보국(DIA)은 분석하고 있다.

Q3 남북의 군사력은 어느 쪽이 우세한가?

A 한국의 대북한 전력지수는 81%이며, 한미연합군의 경우는 150%이다.

한국 국방부의 추정으로는 한국의 총체적인 대북 전력지수를 81% 정도로 보고 있다. 전쟁을 억제하기 위한 최소한의 필요전력지수는 상대 국권력의 70% 정도이므로 현재의 전력으로도 충분히 전쟁을 억제할 수 있다.

이 전력 비교는 장비의 질과 양, 군인의 훈련도, 사기, 보급력, 정보수집력, 방첩력 등을 종합적으로 감안하여 산출한다.

통상 병사의 경우, 상대편을 실제보다 강하게 평가하는 일이 있는데 그것을 그만두고라도 북한과 남한의 군사력 비교는 북한쪽이 남한보다 우세하다고 보는 쪽이 타당하다.

그러나 장비면에서는 한국쪽이 매우 우세하다. 단순히 수량만 가지고 비교한다면 북한쪽이 훨씬 많지만 전투기나, 탱크 등이 거의 한세대, 두세대 전의 것으로서 성능이나, 가동률에 있어서 비교 되지 않을 정도로 뒤떨어져 있다. 전투기로 싸울 만한 것은 불과 30대에 지나지 않는 미그 29와, 35대 정도의 스호이25 뿐이다. 탱크도 3400대정도가 있지만 주력기종은 T62와 T54, T55 이다. 거기에다 탱크는 극히 파괴되기쉬운 병기에 속한다. 따라서 이중에서 실지로 사용 할 수 있는 것은 절반에도 미치지 못할 것으로 추정된다.

한편 1만기 이상 되는 지대공 미사일도 전자교란에 약한 탓으로 거의 제구실을 하지 못할 것으로 생각된다.

그러나 2,000대 이상 보유한 다연장 로켓포와 8,000대 가까이 확보하고 있는 자주포, 그리고 견인포는 위력을 발휘하리라 짐작된다. 한국측은 수도 서울이 휴전선에서 불과 40킬로미터밖에 떨어져 있지 않다는 것이 치명적인 약점이다. 서울을 공략하기 위해서는 굳이 탄도미사일이 아니라도 충분하다. 전쟁이 일어나면 즉각 북한군은 휴전선 근처에 배치된 장거리포를 동원하여 서울과 인천을 향해 포탄을 퍼부을 것이 틀림없다.

그렇다고는 하나, 앞서 언급했듯이 장비면에서는 북한쪽이 열세를 면치 못하고 있다. 또 군인들의 훈련실적도 한국쪽이 훨씬 높다. 북한은 석유 부족으로 비행훈련이나 실전훈련을 거의 하지 못하고 있는 실정이어서 군사적 대응력은 떨어질 수밖에 없다.

그러나 북한은 그와 같은 불리한 조건을 상쇄하고도 남을 만한 특수전력이 있다. 그것은 바로 유격전을 염두에 두고 육성해 놓은 '인간흉기' 집단이다. 그 놀라운 전투력은 잠수정 좌초사건 때 여실히 증명해 주었다. 산악지대로 도주한 10 여명의 전투원들은 극히 불리한 상황에서도 한국군 토벌부대에게 큰 손실을 주었다. 산속에 자생하는 나무열매를 따먹으며 도주를 계속하던 정찰국 소속 전투원들은 한정된 실탄을 유효 적절하게 사용하면서 한달 이상 연명한 자도 있었다.

이에 대해 한국군은 실책을 연발하며 뜻밖에도 능력저하를 드러냈다. 1개월반에 걸친 소탕작전에서 연인원 15만 명이 동원되었으며 13명의 북측 전투원을 소탕하는 과정에서 한국측도 13명의 희생자가 나왔다.

이에 반하여 북한 공작원들은 철저한 세뇌교육에 의해 죽음도 두려워하지 않았다. 이것이 북한의 최대무기인 인간흉기인 것이다.

북한은 최악의 상황을 만나, 이 죽음을 무서워하지 않는 인간흉기를 낡은 전투기에 태워 '북한판 가미가제 특공대'로 삼을 것이다. 이 특공대의 대원은 약 200명에 이르며 현재 노후화된 미그 15, 미그 17을 사용하여 초저공 잠입 비행훈련을 계속 실시하고 있다 한다.

시대에 뒤떨어진 낡은 전투기라도 이같은 사용방법을 택한다면 아마도 최신예 전투기보다 더 가공할 전력이 될 것이다. 북한은 그런 것이 가능하기 때문에 강점이 있다는 것이다.

숫자로 비교해본 군사력

구 분		북 한	한 국		
			한국군	주한미군	주일미군
병력	정규군	1,055,000명	690,000명	36,000명	41,500명
	육군	920,000명	560,000명	27,500명	2,000명
	해군	47,000명	66,000명	—	7,300명
	공군	88,000명	64,000명	8,900명	15,200명
	해병대		(25,000명) ※해군에 포함됨		17,000명
항공기	신형작전기	30대 미그기 29(30)	60대 F16(60)	72대 F16(72)	102대 F16(48)/F15(54)
	구형 작전기 및 특공용	약 580대 H-50(80)/J-5(110)/J-6(130)/미그 23(46) 스호이 7(18)/스호이 25(35) ※ H-5는 '이류신 28'의 카피, J-5는 '미그 19'의, J-7은 '미그21'의 중국제 카피로서 그 어느 것이나 골동품화된 것 가동률은 낮다.	104대 F-4(130) F-5(195)	—	—
탱크	신형 탱크	0	800대 88형(800)	116대	
	구형 탱크	3,400대 T62(1,800) T54·55/T34(1,600)	1,250대 M47(400) M48(850)	—	
	장갑차	2,800대	2,250대	126대	
미사일		약 10,000기	950기	—	—
야포		11,000문	4,700문	45문	—
무장 헬리콥터		290대	630대	266대	6대
잠수함		약 60척	6척	—	3척
수상함 (순양함, 구축함 프래깃함, 코르벳함)		3척	42척	—	8척

자료 : 밀리터리 밸런스 1998/99판
일본의 방위백서/헤이세이 10년판

Q4 경제봉쇄를 단행한다면 어떻게 될까?

A 본래부터 폐쇄된 북한이기 때문에 거의 효과가 없다.

국제사회가 북한에 대해 제재를 가할 경우, 즉각 군사행동에 들어가는 것이 아니라 그 전 단계 조치로서 경제봉쇄를 단행하게 된다.

그런데 이와 같은 경제제재가 과연 북한에 효과가 있을까?

경제제재에는 여러 단계가 있다. 가장 엄격한 것이 이라크에 적용한 '전쟁 케이스(전면금수조치)'인데 이것보다 약간 완화된 것이 리비아에게 적용된 '처벌 케이스(석유 및 무기금수조치, 대상국의 해외재산 동결 등)'이다.

과거의 예를 보면 이라크의 경우, 최초의 결의안이 통과되고 난 후 91년 3월까지 일곱 차례의 결의안이 채택되고 있다. 먼저 최초의 결의안인데, 무기를 비롯하여 군사장비를 포함한 모든 교역이 금지되는 동시에 식량, 의료품 등 인도적인 품목 이외에는 수출을 할 수 없게 된다. 그리고 계속 처벌이 가해지는데, 이라크 선박에 대한 제재권의 부여(두 번째 결의), 인도적 품목(식량 등)의 수출제한(세 번째 결의), 항공기의 이라크 영내에서의 비행금지와 영공 통과 불허(다섯 번째 결의), 핵무기

철거플랜 제출요구(일곱 번째) 이렇듯 점점 처벌내용이 강화되었다.

한편 리비아에 대해서는 92년 3월과 93년 11월 2회의 결의안이 채택되었다. 첫번째는 리비아 항공기의 취항금지, 항공기 및 항공기 부품의 금수, 무기 등 군수품의 금수, 리비아의 해외공관원 감원 등의 제재조치가 취해졌으며, 두 번째 결의안에서는 리비아의 해외 자산의 동결과 석유생산 설비 및 수송 관련 장비의 금수가 추가되었다.

그렇다면 북한의 경우는 어떻게 될까?

'교섭용 제재'가 가해지리라고 추측되는데 ① 기계류의 금수, ② 금융거래 제한 및 해외자산 동결, ③ 해상·공중의 봉쇄, ④ 석유 및 식량의 차단의 순서가 될 것이다.

그런데 이같은 경제봉쇄가 과연 효과가 있을까?

결론부터 말한다면 거의 효과가 없으리라는 전망이다. 북한은 원래부터 폐쇄적인 나라여서 대외경제 의존도가 1.9%에 그치며, 중국이 제재에 가담하여 북한의 국경을 봉쇄하지 않는 한 효과는 기대하기가 어렵다. 그러나 제4단계 제재는 부분적인 효과를 거두리라고 짐작된다. 북한의 석유수입 구성비는 휘발유(23%), 경유(48%), 중유(19%)인데 주로 군사용과 수송용으로 쓰이고 있다. 이 때문에 석유 차단조치가 길어지면 군사 기동력은 심각한 영향을 받게 될 것이다.

Q 5 컴퓨터 전쟁 시뮬레이션에서는 어떤 결과가 나왔는가?

A 처음에는 북한이 승리한다고 나와 물의를 일으켰다.

미국은 90년 이후 펜타곤(미 국방성)이 중심이 되어 한반도 전쟁게임(시뮬레이션)을 하고 있다. 이것은 컴퓨터상의 모의전쟁인데, 전쟁 가능성이 높은 쌍방의 병력, 장비, 지형, 군사전략 등을 입력하여 그 결과를 구체적으로 예측한다.

93년 〈뉴스위크〉(12월 2일자)지가 한반도에서 전쟁이 일어났을 경우, '서울의 방어선은 1, 2주 내에 무너진다'라는 국방성의 비밀보고서(91년 작성)를 발췌하여 기사화한 것이 문제가 되어 큰 물의를 일으켰다.

이 보도에 대해 한미연합군이 반발한 것은 두 말할 것도 없다. 당시 미군 및 한국군은 이 보고서에 대해 '전혀 근거가 없다'고 부정하면서 '전쟁이 발발하면 한국은 반드시 이긴다'고 장담했다.

한미 군사 당국자는 반론의 이유로서 ① 컴퓨터에 의한 시뮬레이션에 지나지 않는다, ② 인풋된 데이터가 부정확했다, ③ 사용된 군사력 데이터가 한국은 오래된 것, 북한은 최신의 것들이 사용되었다고 반박했다.

<뉴스위크>지가 보도한 국방성의 전쟁게임은 리스커시 주한 미군 사령관(당시)의 요청에 의해 90년 12월부터 91년에 걸쳐 미 육군개념분석 연구소가 실시한 것이다. 리스커시 사령관은 91년 말 국방성 및 통합참모본부의 관계자들이 출석한 자리에서 이미 이 결과를 보고했다. <뉴스위크>지의 기사가 너무도 큰 파문을 몰고 왔기 때문에 찰스 라슨 미 태평양군 총사령관(당시)은 기자회견을 자청하고 "한국군의 근대화와 주한미군의 지원 능력으로, 북한의 전쟁위협에 충분히 대항할 수 있다. 설사 전쟁이 발생하더라도 한국이 승리하며, 북한이 이길 가능성은 전혀 없다"고 진화에 나섰다.

한편 한국의 국방부도 합동참모본부가 실시한 한반도전쟁게임(93년 6월)의 결과를 공개했다.*

이에 따르면, 개전 초기에는 일진일퇴의 접전을 벌여, 한국 측에 많은 사상자가 나오지만 3일 후에는 반격을 가해 한국군이 북진한다는 것으로 되어 있다.

그후로 한미연합군은 '한국이 진다'는 시뮬레이션을 내놓은 일이 없다. 그런데 한국의 저명한 군사전문가인 지만원씨는 '시뮬레이션을 실시한 결과 한국은 3일 만에 함락된다'는 대담한 예상을 하기도 했다.

---

* 한국에서도 93년에 전쟁게임을 두 번이나 실시했는데 그 어느 것이나 <뉴스위크>지의 보도와는 달리 '한국이 승리한다'는 결과가 나왔다.

Q6 미국측이 예상하는 전쟁 시뮬레이션은?

A 개전과 동시에 북한은 스커드 미사일을 퍼부을 것이다.

미국 정부계 싱크탱크 RAND 연구소는 〈더 데이 애프터〉라는 핵전쟁에 관한 보고서 중에서 개전시의 상황을 다음과 같이 상정(想定)하고 있다.

199X년 4월 11일

03 : 30 제2차 한반도전쟁 발발. 북한 상공을 정찰하던 두 대의 AWACS가 북한의 5개 주요 비행장에서 속속 이륙하는 200여대의 비행기를 탐지했다(압록강 주변에 있는 세 개의 작전기지와 원산 북쪽에 있는 두 개의 기지에서는 단 한 대의 비행기도 뜨지 않았다는 사실에 주목).

03 : 40 태평양 방위지원 계획부는 한국을 향해 동시에 발사된 80기의 스커드 미사일을 탐지했다.

03 : 50 3기의 스커드 미사일이 서울 상공에서 패트리어트 미사일 11중대에 의해 격추되었다. 2분 후 대구에 주둔하는 패트리어트 중대도 스커드 미사일 4기 중 3기를 격추시켰다. 그러나 4발째는 격추에 실패, 9명의 미 공군 요원이 사망했다.

04 : 00 미 국방성 지휘통제본부(NMCC)는 오산을 비롯하여 주한미군 사령부가 북한 특수부대의 공격을 받았다고 발표. 서울 근교의 다른 군사시설에서도 특수전 부대와의 치열한 전투가 전개되고 있다고 한다. 또 비무장지대 전역에 탄두 미사일(프록그-7)과 장거리 다연장 로켓포의 공격이 있었으며, 탄두에는 화학무기가 장착되었다는 보고가 있다.

05 : 30 NMCC의 요청에 의하여 미 태평양 사령부는 공군과 해군에 대해 압록강 남쪽 20킬로미터를 제외한 북한 전역에 대한 무차별 작전권을 부여한다는 결정을 내렸다.

주한 미 공군은 최초의 전투에서 북한 전투기 40대를 격추시켰는데 아군의 손해는 경미하다고 발표. 북한의 스커드 미사일 공격으로 아군에 피해가 발생했다. 스커드 미사일은 이미 220기가 발사되었으며 그 중 55기는 요격에 성공했으나 165기는 지상에 작열하여 미국인만도 75명이 사망했다.

06 : 00 북한군은 의정부에서 서울에 이르는 라인에 따라 진군을 계속하고 있다. 비무장지대 남쪽에 있는 한국군 주방위선은 그대로 유지되고 있으며, 미 육군 제2사단 소속의 2개 보병여단은 밤 사이 서울 북쪽 20킬로미터 지점으로 이동하여 작전준비 태세를 갖추고 있다. 2개 기갑사단과 2개 기계화사단으로 구성된 기갑군단도 서울 북쪽 15킬로미터 지점에서 30킬로미터 지점으로 이동하여 반격태세를 갖추고 있다. 미군 제2사단장은 한국군과의 거리가 너무 근접해 있다는 판단에 따라 한국군 기갑군단측에 좀더 떨어져 있도록 요청했으나 거부당

했다.

07 : 00 미 태평양 군사령관은 한국군의 반격에 맞추어 강력한 공군 지원을 하도록 결정했다. 같은 시각, 한국 동해안에 있는 강릉에서 이륙한 미 해군 소속 P-3C기는 북한의 미사일 고속함과 양륙정 소함대를 차례로 발견, 동해에 있는 항공모함 인디펜던스에서 출격한 A-6형기의 편대가 북한 함대를 공격하여 불과 15분 만에 다섯 척을 격침시켰다. 거의 같은 시각, 서해안에서도 북한 해군함정이 나타났다는 보고가 들어왔다.

07 : 55 동해상의 항공모함 인디펜던스와 두 척의 로스엔젤레스급 원자력 잠수함에서 북한의 주요 목표물에 대해 토마호크 순양 미사일이 발사되었다.

08 : 00 주일 미국대사는 2시간의 진통 끝에 일본 영토에서 전투기가 발진하는 것을 허용한다는 공식문서를 일본 수상으로부터 수령했다. 각의(閣議)가 길어진 이유를 물었더니 미국의 작전행동이 방어수단에만 한정해야 한다는 의견이 나와 격론 끝에 불과 한표 차로 그것을 부결시켰다는 짤막한 설명이 있었다.

19 : 00 김정일은 TV와 라디오 방송을 통해 '조선의 조국해방 사업이 진행중'이라고 말한 뒤, '미국은 조선인민을 살해할 목적으로 화학무기를 장착한 순항 미사일을 사용하고 있다'고 강력히 미국을 비난하고 나서 '남쪽 괴뢰들을 섬멸시킬 방법이 우리에게는 있다. 일본도, 미국도 이 방법을 당해낼 수가 없을 것이다'라고 절규했다.

19 : 15 방위지원 계획부(DSP)는 평양 북동부의 북한 인민군 밀집지역에서 발사된 다섯 발의 스커드 미사일을 탐지, 개성에 있는 수송 본부 상공을 선회중인 AWACS가 북한의 전자방해에 의해 혼란을 일으키는 틈을 타, 북한군은 화학무기를 탄두에 장착한 두 개의 스커드 미사일을 한국군 기갑군단 밀집지역에 작열시켰다. 3분 후 다시 똑같은 타입의 화학무기 네 개가 장착된 미사일이 발사되어 그 중 한 개는 춘천의 한국군 비행장에, 나머지 세 개는 의정부에 집결해 있는 한국군 부대에 떨어졌다.

19 : 55 한국군 최고사령부로부터 한국군이 강력한 화학무기의 공격을 받고 상당한 피해를 입었다는 소식이 전해졌다.

22 : 19 주한미군 사령부는 개전 초기에 20명의 사망자와, 400명의 부상자를 냈다(대부분이 시력 손상)고 발표했다.

23 : 30 NMCC는 주한미군 사령관으로부터 상황 보고를 받았다. 정찰 결과 북한군이 두 개 지점에서 군사경계선을 돌파했다는 것이 판명. 통신방청에 의해 한국군 중에 공포와 혼란이 확산되고 있음을 감지했다. 미군사령관은 북한군이 24시간 이내에 서울에 진입할 것이라고 판단, 미 제2사단에게 서울 북쪽에 이동하도록 요청했다.

22 : 40 주한 미국대사는 한국 정부로부터 전면적인 대북 보복을 요청하는 공식문서를 접수했다.

Q 7 중국이 예상하는 제2차 한국전쟁 시뮬레이션은?

A 한미연합군의 압도적인 우세에 의해 정전이 되며 중국은 참전하지 않는다.

중국의 시뮬레이션에서는 승패가판가름 나지 않고 단지 한미연합군이 전황을 유리하게 이끄는 상태에서 정전이 된다는 내용이다.

북경의 군사과학원에서 출판된 《클린턴의 군사전략과 가상 제2차 조선전쟁》(96년 1월 출판)이라는 책은 중국군 관계자가 저술한 보기 드문 '미래 전쟁론'이다.

이 책은 82쪽이라는 비교적 적은 분량의 내용을 담고 있는데, 제1부는 클린턴 정권의 국제군사전략의 분석, 제2부는 제2차 조선전쟁의 시뮬레이션으로 구성되어저 있다.

중국이 예측하는 제2차 한반도전쟁은 다음과 같다.

① 북한과 미국 양국간의 핵교섭이 순조롭게 진행된다. 양국은 외교 관계 수립을 위하여 숨가쁘게 움직이기 시작한다. 이로써 한반도의 긴장이 완화되는 듯하더니, 미 정보기관은 북한 내에서 3기의 노동 미사일 발사기지가 존재해 있음을 확인하게 된다. 이것을 계기로 한반도에는 전

운이 감돌기 시작한다. 그런데 전쟁의 직접적인 계기가
된 것은 한미합동군 군사훈련 때문이다.

② 원산 부근 공해상에서 미국의 항공모함 인디펜던스호가
북한 인민군 어뢰정과 조우하여 이를 격침시키고 만다.
북한측은 판문점에서 미국에 대해 사건의 재발 방지와
아울러 배상을 요구하고 나섰지만 합의에 이르지 못하고
계속 난항을 거듭한다. 그러자 북한, 한국, 중국은 고도의
경계태세에 들어간다.

③ 전쟁을 일으킨 쪽은 북한인데, 인민군 부대가 해상경계선
이 불분명한 상태에서 한국 영해인 백령도를 침공하여 이
섬을 점령해 버린다. 북한측은 '어뢰정 사건에 대한 응분
의 조치'라고 성명을 발표한다. 이에 대해 한국측은 '정전
협정 위반'이라고 격렬하게 반발한다. 그리고 국제연합이
개입하지 않으면 단독이라도 싸우겠다고 강조한다.

④ 남북 대립이 심상치 않자 미국의 움직임도 바빠지기 시
작한다. 마침내 클린턴은 군사행동을 결단한다. 이에 대
해 국무장관은 '군사제재는 중국과 북한의 우호조약을
자극하게 되며 이 때문에 미국은 중국과 정면 대립하게
되어 결국 12억의 중국시장을 잃게 된다'고 반론을 제기
했지만 클린턴의 결심을 뒤집지는 못한다.

⑤ 미국은 북한에 대해 즉각 백령도에서 철수할 것과 국제
원자력기구(IAEA)가 요구하는 핵시설물에 대한 사찰을
받아들이는 동시에 모든 정치범의 즉각 석방 등을 요구

한다. 또한 이같은 요구를 수용하지 않으면 군사행동으로 나설 수밖에 없다는 최후통첩을 보낸다. 그러나 북한측은 이것을 '내정간섭'이라고 거부하여 교섭은 완전 결렬된다.

⑥ 한미연합군은 잠수함에서 북한의 영변에 있는 핵시설물에 대해 토마호크 순항 미사일을 발사한다.

⑦ 북한측도 즉각 '전쟁은 시작되었다. 모든 필요한 행동을 취할 수밖에 없다'고 선언한 뒤 해안선에 배치된 특수전부대를 속속 고속정으로 남하시키기 시작한다. 이와 때를 같이하여 내륙부의 특수전부대도 지하터널을 이용하여 한국에 진군한다.

⑧ 이들 특수전부대는 한국의 군사시설, 항만시설, 비행장 등을 신속히 파괴시킨다. 한편 북한군은 38선 부근의 비무장지대에 맹렬한 포격을 가한다. 이때만 해도 아직 화학무기는 사용되지 않고 있다.

⑨. 드디어 북한 인민군은 38선을 돌파하고 세 개의 루트에 따라 남하를 개시한다.

⑩ 클린턴 대통령은 '5027오퍼레이션(군사작전)'을 실행에 옮기기로 결단을 내린다. 이 작전을 수행하기 위해 55만 명의 병력을 투입하기로 결정한다.

⑪ 같은 시기에, 김정일 총서기는 전 북한 인민을 향하여 '남조선 해방사업이 이미 시작되었다'고 말하면서 궐기를 촉구한다.

⑫ 인민군은 원주—강릉 전선에서 한미연합군으로부터 남진을 저지당한다. 서울도 포격을 받아 상당한 피해를 입었지만 아직 함락되지는 않았다.

⑬ 미 태평양 군사령부는 북한 지역에 대한 총공격을 단행하며 한미연합군은 순식간에 38선을 회복한다. 이 무렵 미 해병대의 상륙부대는 북한 지역에 상륙하여 원산과 곡산을 점령한다.

⑭ 한편 평양을 포위하고 있던 한미연합군은 북상을 개시하여 영변을 수비하던 인민군과 격전을 벌이며 영변의 핵 시설 거의 모두를 파괴시킨다.

⑮ 한미연합군은 정주—함흥 라인(맥아더 라인)에서 북진을 멈추고 북한과의 정전 협의에 들어간다.

중국의 예상은 북한의 패배로 끝나지만 이 시뮬레이션에서는 중국인민해방군이 전혀 참전하지 않는다는 것이 흥미를 끈다.

Q 8 김정일이 구상하는 전쟁 시나리오는?

A 미국의 참전을 저지하고 단숨에 부산까지 점령한다는 것이다.

① 김정일의 전쟁관

김정일은 북한이 수십년 동안 전쟁준비를 해왔으므로 전쟁이 일어나면 반드시 이긴다는 망상에 사로잡혀 있다. 그는 한국군을 두려워하지 않는다.

김정일의 꿈은 '통일 조국의 대통령이 되는 것'이다. 아버지 김일성이 50%밖에 국토를 해방시키지 못했지만 자신은 무조건 무력으로 통일을 이루겠다고 공언한다.

지도부는 경제가 갈수록 악화되고, 민심도 동요되고 있어 돌파구는 오직 무력뿐이라는 생각이다.

그리고 경제력은 비록 한국에게 떨어져 있지만 군사력에서는 우위에 있기 때문에 외부(미국)의 간섭만 없다면 힘에 의한 통일(무력적화 통일)이 가능하다고 믿고 있다.

② 전쟁에의 의지

김정일은 김일성종합대를 졸업한 64년부터 군관계 현장을 자주 살펴보았으며, 권력 최상층에 군림하고 나서는 모든 군민들에게 전쟁준비에 주력하라고 지시해왔다. 특히 91년 12월 인민군 최고사령관에 취임하면서 호전적인 분위기가 더욱 고조되었다. 그리고 기회가 있을 때마다 '조국 통일의 핵심은 군대다. 믿을 것은 군대뿐이다. 모든 힘을 다하여 군대를 지원하라'고 지시를 내려 전쟁준비에 광분해왔다.

③ 전쟁에 대한 준비

김정일은 아버지 김일성이 사망하기 2년 전 인민군 최고사령부 '작전조'와 함께 남침 시나리오를 작성했다. 이 시나리오를 본 군지휘관들은 즉각 실행에 옮기자고 했지만, 김일성은 인민의 생활을 먼저 해결해야 한다고 제동을 걸었다.

전쟁이 발발할 경우에 대비하여, 북한은 평상시에도 전시형 국가관리체제를 유지하고 있다. 무기생산은 100% 자급자족이 가능하며, 무장 헬리콥터, 미사일, 방사포 등도 자체 생산을 하고 있다. 92년 인민군 창건 60주년의 군사 퍼레이드에서는 모두가 국산 장비로 이루어졌으며, 인민군은 남한을 세 번 폐허로 만들 만큼 무기를 보유하고 있다고 큰소리쳤다.

북한에서는 산업 분야의 전기 공급이 아무리 부족해도, 지하 군사시설에서 사용하는 전력만은 절대로 감축하는 일이 없다.

군량미의 부족을 보충하기 위해 북한에서는 주민들에게 '헌미(獻米)'를 강요하고 있다. 간부급에게도 헌미실정을 체크하고 있어 모두가 다투어가며 쌀을 군대에 헌납하고 있다. 그래도 비축하고 있는 식량은 6개월분에 지나지 않는다. 이 때문에 김정일은 기습작전을 펴 단시일에 부산까지 침공한다는 계획을 세워놓고 있다.

④ 미국의 참전을 저지하는데 주력

김정일은 미국의 참전을 저지하는 것이 가장 중요하다고 인식하고 있다. 이 때문에 한국을 일본, 중국, 러시아 등으로부터 고립시키려고 획책하고 있다.

미국의 개입에 대해서는 '일본 등 서방국가의 몇 개 도시를 미사일로 공격하여 불바다로 만들어 버린다'는 위협으로 막을 수 있다고 생각한다. 그렇게 해서도 끝내 미국이 개입할 경우, '인간어뢰'와 항공기에 의한 '특공대'를 사용하여 미 해군 함정을 격침시켜 미국 내 여론이 참전 반대쪽으로 기울도록 유도한다.

⑤ 개전 시나리오

전쟁 지휘체계는 종래 '김일성—인민무력부장—인민군 총참모장'이라는 라인으로 되어저 있었지만, 김일성이 사망한 후 김정일이 직접 인민군 참모부 작전국장에게 지시를 내리도록 바주어 김정일이 독단적으로 전쟁을 시작할 수 있도록 하였다. 전쟁 시나리오는 '전격전'(단시간 내에 각 방면으로부터 일제히 기습공격을 감행)으로 제압한다는 것이다. 즉 특수전부대를 사전에 남한에 침투시켜 개전과 동시에 미사일 기지, 비행장 등 중요 시설을 공격하도록 하는 한편 기동력을 구사하여 한국의 전역을 장악한다는 것이 시나리오의 골격이다.

시나리오 내용 중 가장 역점을 두는 대목이 서울에 대한 공격이다. 미사일과 방사포 등의 화력을 사용하여 서울 일대에 포탄을 퍼부어 철저히 파괴시킨 다음 정전 교섭을 이끌어낸다는 복안이다.

개전의 타이밍은 한국의 사회 정세가 혼란에 빠지고 미국의 군사력이 다른 분쟁지역에 차출되어 힘의 공백이 생길 때가 전쟁을 시작하는 찬스라고 생각한다. 개전에 앞서 한국 내에 은밀히 구축해놓은 지하조직을 이용하여 사회혼란을 일으킨 다음 기습공격으로 서전을 장식한다는 전략이다.

구체적으로는, 우선 한국군 군복을 입은 위장특수부대로 하여금 북한군을 공격하게 함으로써 도발 책임을 한국에 떠 넘겨 합법적인 전쟁을 유도한다는 계산이다. 그리고 개전과 동시에 서울을 향해 5, 6분 동안 치열한 포격 세례를 퍼부은 후 때를 같이하여 적지에 미리 침투시켜 두었던 특수전부대가 게릴라전을 전개한다는 작전이다.

특수전부대는 공격 목표를 부대별로 사전에 정해놓고 있다. 또한 고속정을 이용한 적지 침투작전도 신속하게 진행된다.

설사 중국 및 러시아와 동맹 조약을 맺고 있더라도 전적으로 지원해주지 않을 것으로 믿고 있으나, 다만 북한군이 한국군에게 밀려 북으로 퇴각할 때에는 중국이 지원해줄 것이라고 확신하고 있다.

Q 9 전쟁을 도발하는 시간대는?

A 가장 가능성이 높은 것이 '심야의 기습작전'이
다.

북한은 전격전에 의한 단기전을 생각하고 있다. 이 때문에
기습작전은 심야시간대에 이루어질 것으로 추측된다. 그 이유
는 특수부대의 침투를 용이하게 하는 이점도 있지만, 적을 공
포와 혼란에 빠뜨려 사기를 꺾을 수 있기 때문이다.

우선 제공권을 장악하기 위해 미 공군과 한국 공군 기지를
집중적으로 미사일 공격을 가하여 순식간에 초토화시킨다는
작전이다. 동시에 전방에 배치된 240밀리미터 다연장 로켓포와
170밀리미터 자주포, 그리고 120밀리미터 이상의 박격포(11,000
문)등으로 서울을 향해 무차별 포격한다. 240밀리미터 다연장
로켓포의 사정거리는 70킬로미터, 170밀리미터 방사포는 50킬
로미터이다. 이 공격으로 서울 시내는 전기가 끊기고, 가스관
은 파열되어 곳곳에서 화재가 일어나 삽시간에 아수라장으로
변한다. 통신 케이블을 비롯 각종 통신망은 두절되고 한국군에
대한 통제는 완전히 불능 상태에 빠진다.
이와 병행하여 몰래 파놓은 지하터널을 통해 한국에 침투해
있던 특수전부대는 한국군의 지휘, 통신시설을 파괴해 버린다.

안토노프-2형 수송기(282대)를 이용하여 공중에서 침투한 특수전부대는 미사일 공격으로 기능이 약화된 한국 공군 기지를 습격하여 항공기, 항공관제탑, 활주로, 탄약고, 연료저장소 등을 파괴한다. 이같은 일련의 공격으로 한국군 방어부대의 전투력이 급격히 떨어지면 보병부대가 38선을 돌파한다.

12개의 인민군 군단 중 정예군단은 1, 2, 4, 5군단이다. 1군단은 준양, 2군단은 개성, 4군단은 해주, 5군단은 철원에 사령부가 있다.

서울을 향해 침공하는 루트는 여러 개인데 2군단은 개성—문산 라인을 통해 침공하며, 4군단 절반 이상의 병력이 이와 합류한다. 1군단은 태백산맥을 따라 동해안을 거쳐 남진한다. 5군단은 한국의 제1군 부대가 서울 방어를 위해 서쪽으로 이동할 경우, 이를 저지하는 임무를 띠고 있다. 4군단은 남침에 가담하지 않고, 미 해병대가 서해쪽에서 상륙하여 배후를 공격하는 것을 막기 위해 해안선 방어에 임한다. 선봉을 담당한 정예군단의 돌진이 계속되면 폭격기의 지원을 받은 기계화군단이 투입된다. 기계화군단은 기갑여단, 자주포여단, 장거리 방사포여단으로 편성된 혼성 공격부대이다.

북한 해군(47,000명)의 주력은 미사일 고속정, 어뢰정, 침투용 소형 잠수함 및 잠수정, 그리고 에어쿠션 상륙정 등이다.

그럼, 이번에는 방어체제에 대해 살펴본다.

북한은 11,000기의 지대공 미사일을 보유하고 있는데, 세계에서도 가장 밀집된 방공체제를 자랑한다. 또 지상군부대는 15,000기가 넘는 SA-7과 SA-16을 보유하고 있다. 어깨에 메고 발사하는 이들 소형 지대공 미사일은 한미연합군 전투기에게는 참으로 위협적인 존재이다.

또 미국과의 핵전쟁을 상정하여 군사시설만이 아니라, 산업시설도 지하에 마련하여 요새화하고 있다. 갱 내 군사진지는 적의 융단폭격에도 견뎌낼 수 있도록 산을 100미터 가까이 파내려가 만들어졌는데 식량, 물, 탄약 등이 충분히 비축되어 있으며 작전 지휘소까지 설치되어 있다.

그러므로 걸프전 때처럼 미군이 토마호크(순양 미사일)를 발사하거나, 레이더망에 잡히지 않는 스텔스 저공 폭격기로 북한의 레이더 기지를 폭격한다 해도 북한 전역에 구축해 놓은 지하요새를 모두 파괴할 수는 없을 것이다.

북한은 장기전으로 바뀌면 화학무기를 사용할 가능성이 있으며, 전세가 불리해지면 핵을 사용할 가능성도 있다.

북한의 미사일 발사 기지와 목표물인 미군기지

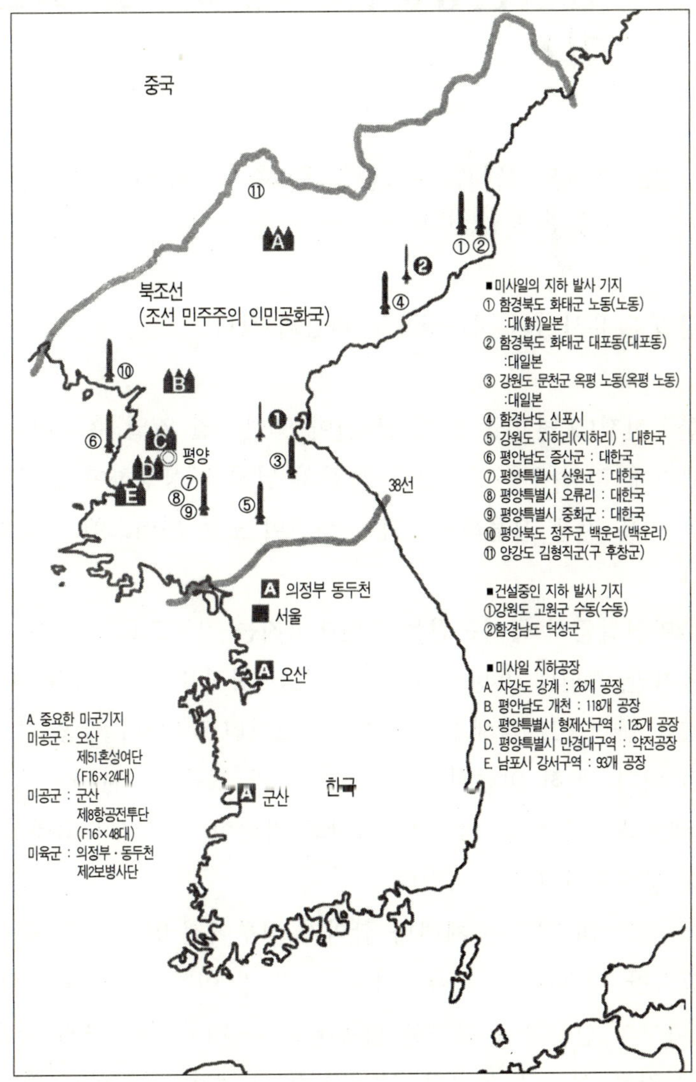

Q 10 한미연합군은 어떻게 싸울 것인가?

A 남침 움직임이 감지되면 즉시 '5027 작전'을 실행에 옮긴다.

한반도 유사시의 시나리오는 다음과 같다.

한국전쟁(50년 6월 25일 발발)이 53년 7월 27일 휴전된 후 반세기에 걸쳐 한미연합군은 북한의 남침을 상정하여 군사연습을 비롯 전쟁 시뮬레이션까지 해가며 모든 케이스에 대비해 왔다.

한미연합군의 군사훈련은 60년대까지는 전적으로 수비에 치중했지만, 70년대 후반부터는 공격적인 성격을 띠기 시작했다. 그것을 단적으로 말해주는 것이 '팀스피리트'(한미 합동 군사훈련)이다. 특히 91년의 '팀스피리트'의 경우 오키나와 주둔 미 해병대를 포함한 14만 명 이상의 병력이 동원되어 최대 규모의 상륙훈련이 실시되었다.

이 '팀스피리트'는 제네바 합의가 이루어진 94년 이후 중단되었지만, 그후에도 '포커스 렌즈'(1만 명 이상의 미군과 10만 명 이상의 한국군이 참가한 합동훈련)를 비롯, 북한군의 급습을 상정한 한국군 독자의 '을지훈련'이 계속 실시되고 있다.

98년도 한미 합동 군사훈련인 '폴 이글'에는 주한미군 3만 5000명과 한국군 5만 명이 참가했다.

이와 같은 일련의 군사훈련을 토대로 작성된 것이 한반도 유사시의 시나리오이다. 즉 '오퍼레이션 5027'(5027 작전)이다. 이것은 북한과 교전 상태가 되었을 때 무력으로 일거에 김정일 정권을 타도하고 한국 주도하에 남북 통일을 구현한다는 것이다.

이 작전은 5단계로 되어 있다.

제1단계 : 북한에 의한 남침의 징후가 보일 경우 한반도에 미군 병력을 집결시켜 북한을 하늘과 바다에서 봉쇄한다.

제2단계 : 북한군이 서울을 조준하고 있는 1만 문 이상의 장거리포와 다연장 로켓포를 공격하여 무력화시킨다. 또 공군력과 순항 미사일(토마호크)로 후방 기지를 파괴한다. 북한의 심장부인 수도 평양을 철저히 공격하여 괴멸적인 타격을 입힌다.

제3단계 : 38선을 돌파하여 공격을 개시한다. 우선 동해안에서는 원산과 흥남, 그리고 서해안에서는 남포에 대해 동시에 대규모 상륙전을 감행하여 최종적으로는 평양을 포위한다. 또한 평안북도 청천강까지 북진하여 그곳까지 점령한다.

제4단계 : 김정일 정권을 무너뜨리고 청천강 이북의 북한 전역을 점령한다.

제5단계 : 한국 주도하에 남북 통일을 실현시킨다.

이 작전이 완료되기까지 최단 48일, 최장 120일이 걸리는데 실지로는 이보다 훨씬 빠를 것으로 내다보고 있다. 전쟁이 길어지고 짧아지는 것은 전적으로 제1단계 전술에 달려 있다는 견해가 지배적이다.

북한이 남침할 경우 한미연합군의 허를 찌르는 기습공격이 예견된다. 현재 북한군은, 서울에서 불과 40킬로미터밖에 떨어져 있지 않은 휴전선(38선) 일대에 전병력의 65%, 공군기 40%, 함정의 60%를 배치해 놓고 있다. 한미연합군이 북한의 남침에 대처하는 시간은 약 24시간밖에 없다.

그러나 한미연합군은 북한이 그토록 간단하게 기습공격을 할 수 없도록 감시 체제가 확립되어 있다. 정찰위성이나 정찰기에 의한 감시, 전자신호의 해독 등 여러 가지의 조기경계 수단을 확립하고 있다. 정찰위성의 KH-9, KH-11은 하루에 2, 3회 정도 북한 상공에 날아가 인민군의 이동상황이나 스커드 미사일 기지의 동태 등을 감시하고 있다. 이 정찰위성은 수백킬로미터 이상의 상공에서도 지상에 있는 30센티미터 내지 1미터 크기의 물체를 식별해내는 능력을 갖추고 있다.

또 오산 기지에는 중앙방공관제소가 있으며, 전국 20개소에 있는 레이더 기지를 통해 북한 내 전투기의 움직임을 쉴새없이 체크하고 있다. 거기에다 요격체제도 거의 완벽하다. 아무런 장해를 받지 않을 경우 북한의 전투기는 발진하여 5, 6분 내에 서울 상공에 도달한다. 그러나 실지로 그런 일은 불가능하다. 왜냐하면 적기가 군사분계선 수십킬로미터에 접근하면 한국군의 요격기가 긴급 발진하도록 되어 있다.

또 미군은 오키나와 기지에 배치된 E-3 공중조기경보관제기(AWACS)를 수시로 한반도에 출동시켜 북한의 움직임을 체크하고 있다. 이 E-3는 반경 350킬로미터 이내에 존재하는 항공기나 차량의 움직임을 재빨리 포착한다.

이같은 감시 시스템에 의해 한미연합군은 북한군의 남침을 늦어도 16시간 이내에 탐지하게 된다.

감시하는 것은 비단 군의 움직임뿐만이 아니다. 전선을 향하는 유류 수송량의 증가, 통신량의 증가, 의약품의 증가, 민간인의 소개(疏開) 등도 체크한다.

남침의 징후를 알아차리면, 한미연합군은 즉시 '5027' 작전을 실행에 옮긴다. 이렇게 되면 일본의 미자와에 주둔해 있는 제5공군, 알래스카에 주둔해 있는 제11공군이 투입되고 태평양군사령부의 지휘하에 있는 제7함대는 급거 한반도를 향해 발진하게 된다. 전투병력이 가장 먼저 투입되는 것은 오키나와에 주둔해 있는 해병대 제3사단이다.

북한군이 장거리포와 다연장 로켓포를 사용하여 서울을 공격해 오기 전에 한미연합군은 상대편의 기지나 부대를 철저히 분쇄해 버리고 만다.

또 서울을 '불바다'로 만들지 않게 하기 위해 한미연합군은 북한이 파놓은 지하터널의 출구를 파악해 두었다가 북한군이 지상에 모습을 드러내기 전에 전멸시킨다.

　군사시설에 대한 공중폭격을 행할 때에는 적이 쏘아올리는 소련제 SA-2, SA-5 등의 대공 미사일 또는 고사포에 격추당하지 않도록 EF-111, EA-6B의 전자전 항공기를 사용하여 전파방해를 하게 된다. 미군은 이미 이 SA 대공 미사일의 약점을 충분히 파악했으며 제공권을 장악하기는 그리 어렵지 않을 것으로 내다보고 있다. 한미연합군은 F-16을 계속 출격시켜 북한의 지상군을 약화시키는 동시에 공군 및 해군 기지를 파괴시킨다.

　잠수함에서 발사하는 순항 미사일 '토마호크'도 산간 지역의 군사시설을 파괴하는데 위력을 발휘한다. 그런데 그것을 가능케 하기 위해서는 산간 지역의 지형을 기억시키는 작업을 추진할 필요가 있다.

　그런데 문제는 북한의 지상군이 38선을 돌파하여 남침할 가능성이 있는지의 여부이다.

　한국은 휴전선에서 서울까지의 40킬로미터 구간에 아우파, 브라보, 차리, 델타라고 불리는 4단계 방위라인을 그어놓고 있다. 이 라인에 의해 북한군의 남침을 저지하여 서울을 방어한다는 전략이다. 또한 북한군이 이 라인을 돌파하려면 약 2만발 정도가 매설되어 있는 지뢰밭을 지나지 않으면 안 된다. 이것은 그리 쉬운 일이 아니다.

　또 북한의 특수부대는 분명히 위협적인 존재이지만 그들을 침투시키는 수송수단에는 문제가 있다. 안토노프-2형과 헬리콥터와 잠수정뿐이다.

　문제는 화학무기이다. 북한은 2,000~5,000개 정도의 화학무기를 갖고 있다. 만일 이것을 사용하면 한국은 걷잡을 수 없는 공포와 혼란에 빠진다.

미국의 코엔 국방장관은 지난 1월 방한했을 때, 북한이 화학무기를 사용하면 핵폭발 못지않는 인명피해가 발생하는데 이의 대항 수단으로 핵무기의 사용도 고려할 수 있음을 암시했다.

한미연합군은 전쟁의 빠른 종결을 노려, 김정일 최고사령관이 숨어 있는 '사령부'(전시 상황실)를 제일 먼져 공격할 것이다. 김정일만 제거되면 전쟁은 즉시 종식될 것이기 때문이다.

사령부를 포함한 주요 거점을 파괴시키기 위해 적 후방 깊숙이 B-1 폭격기가 투입된다. B-1은 B-52의 뒤를 이은 폭격기로서 적의 레이더를 피해 60미터의 초저공으로 마하 2.5의 속력을 유지하며 적지에 침입하는 슈퍼 폭격기이다.

북한 vs 한국+미군비교

구 분	북 한	한 국	
		한국군	주한재일미군
군인의 사기	높다(특히 특수전부대).	낮다.	별로 높지 않다.
훈련도	낮다(탄약·에너지의 부족에 동의함). 그러나, 특수전부대의 요원이나 일부 엘리트 군인은 높다	중간 정도(과거 에는 높았지만 지금은 떨어지는 경향)	전반적으로 높다.
병참 (보급능력)	불충분, 장비, 에너지, 식량비축은 반년 정도, 부품도 부족하다.	충분하다(유사시 에는 미국과 일본 에 기대할 수 있음).	충분하다(유사시 에는 일본이 보급 기지가 된다).
정보수집	HUMINT(간첩을 이용한 정보수집)에 강하다.	높았지만, 현재는 저하되고 있는 경향이다.	ELINT(전자정보수 집)에 강함. 특히 정찰위성
주요장비	탄도미사일, 미그29, 다연장로켓, 대량의 자주포, SA17등의 지대공 미사일	토마호크, 스텔스 폭격기, 레이저 유도폭탄, F16, FA18 등의 고성능 전투기 'TOW' 대전차포, 사이드 와인더 등의 공대공 미사일	
장기로하는 전술	유격전, 특공(자폭) 전술, 테러, 후방교란, 속도전	공중지상호응전, 첨단무기에 의한 정밀한 공격, 전자교란전	
플러스면	지하요새화, 엘리트 군인의 높은 충성심, 인권을 무시할 수 있다.	레이저 유도조준 시스템 등의 첨단 기술, 정찰위성을 사용한 감시탐지 능력, 항공모함을 사용하는 전개가 가능하고, 비행사의 우수한 기술	
마이너스면	장비의 대부분이 구식, 일반군인들의 훈련도 저조하고 보급라인이 원활하지 못하다.	로테크에 약하다. 서울이 공격받기 쉽고, 테러나 파괴공작에 약하다. 한국국민들에게 전쟁염증사상이 강하다.	

강습양륙함 '페로우트'

Q 11 중국은 과연 참전할 것인가?

A 중국은 참전하지 않을 것이다. 무기 조달 등 '후방지원'으로 끝낸다.

한국전쟁때, 중국은 수백만의 의용군을 파병하여 북한을 도왔다. 중국이 의용군의 이름으로 인민해방군을 파견한 이유는 다음과 같은 3가지로 요약될 수 있다.

첫째, 북한과는 혈맹 관계(血盟關係)에 있었다. 양국의 지도자급들 중에는 항일 유격투쟁을 함께한 '전우'가 많이 있었다. 거기에다 사회주의 진영인 형제국이 궁지에 몰리고 있는 것을 그대로 구경만 할 수는 없었다.

둘째, 북한이 미국의 점령하에 들어가면 1,300킬로미터에 이르는 북·한과의 국경선이 중대한 위협을 받기 때문이다.

셋째, 중국은 국제연합(UN)에 가입하지 않았기 때문에 북한을 '침략국'으로 인정한 국제연합의 결의에 따를 필요가 없었다. 국제연합은 당시 대만을 유일한 합법 정부로 인정하고 있었다.

이와 같은 이유에서 중국의 지도부는 북한이 건국된 지 얼마되지 않았음에도 불구하고, 수십만 명의 인적 희생을 감수하면서까지 북한을 도와주었던 것이다. 전사자 중에는 모택동의 장남 모원신(毛遠新)도 포함되어 있었다.

그런데 제2차 한국전쟁이 발발하여 북한이 또다시 위기에 처할 경우, 중국은 어떠한 태도를 취할 것인가?

중국은 예나 다름없이 북한과 우호 관계를 지속하고 있지만 동맹 관계는 아니다. 모택동, 김일성 등의 혁명 제1세대가 사라진 지금, 양국은 '운명공동체'가 아닌 것이다. 중국은 지금 한국과도 국교를 맺고 있다. 그뿐만 아니라 국제연합에도 가입하고 있다.

그렇다고는 하지만 북한과의 사이에는 '중조우호협력 및 상호 원조'에 관한 계약을 체결하고 있다.

그 조문 중 제2조에 '어느 한쪽이 제3의 국가 또는 국가연합으로부터 무력침공을 받아 전쟁 상태에 이르렀을 경우, 다른 한쪽은 힘을 경주하여 신속히 군사적 원조 및 기타 원조를 제공한다'라고 명시되어 있다. 이 조문에 따라 중국이 수면하에서 북한을 지원한다는 것은 충분히 생각할 수 있다. 왜냐하면 중국으로서는 북한을 상실한다는 것은 미국이 전략적 거점을 압록강 영역까지 밀고 올라온다는 뜻이어서 중국의 안전보장상 달갑지 않기 때문이다.

그러므로 제1차 한국전쟁 때처럼 직접적인 파병은 없겠지만 탄약, 무기, 식량 등의 '후방지원' 정도는 할 수 있을 것으로 예측된다.

Q 12 한반도 유사시 일본으로 피난민들이 몰려들 가능성은?

A 북한으로부터는 그리 많지 않겠지만 한국으로부터는 수백만 명이 몰려들 가능성이 있다.

한반도에서 전쟁이 발생할 경우 또는 북한의 체제가 와해되거나, 북한에서 쿠데타가 일어나 내전 상태가 되었을 경우 대량의 난민이 발생할 가능성이 있다.

지리적 여건으로 보아 난민들이 갈 수 있는 나라는 한국, 중국, 일본, 러시아 4개국뿐이다.

그 중 한국은 동족이기 때문에 난민의 피난처로는 가장 이상적이지만 여기에는 휴전선을 넘어야 하는 어려움이 있다. 휴전선에는 남북 양측이 겨누고 있는 100만 개 이상의 총구가 있으며 2만발 이상의 지뢰가 땅에 매설되어 있어서 그것을 피하여 38선을 넘는다는 것은 보통 어려움운 것이 아니다. 지금까지 휴전선을 넘어 한국에 망명한 북한사람들 중 군인들은 꽤 많지만 민간인은 극히 드믈다.

배를 이용하는 방법도 있지만 배를 빌리거나 연료를 확보하는 일은 그리 쉽지 않다.

이런 점들을 미루어 볼 때 탈출하기가 쉬운 곳은 남한이 아니라 중국이다.

북한과 중국은 압록강(전장 803킬로미터)과 두만강(전장 547킬로미터)을 사이에 두고 국경을 이루고 있는데 이 두 강은 12월 초순부터 3월 중순까지 얼어붙어 걸어서 국경선을 넘을 수 있다. 그러나 이때가 아니더라도 강바닥이 얕은 곳은 충분히 강을 건널 수 있다.

북한으로부터 직접 일본쪽으로 탈출하려면 거리도 멀거니와 동해의 파도가 거세 목숨을 잃을 위험성이 높다. 50년대에서 60년대에 걸쳐 북한에 귀국한 재일조선인 및 그들의 친척들이 다시 일본으로 돌아오기를 원하지만 일본까지의 거리가 멀어 탈출은 엄두도 못하고 있다. 그러나 한국에의 입국이 가능하다면 일본으로 가는 길도 대단히 쉬워지지 않겠는가 하는 추측이다.

어쨌든 한반도에서 전쟁이 발생하여 피난민이 국외로 탈출한다면 그 피난민이 한국인일 경우는 거의 대다수가 일본을 택할 수밖에 없을 것이다.

그런데 한국의 전체인구 5000만 명 중 단 1%만 일본으로 피난한다 해도 그 수효는 자그만치 50만 명이나 된다. 그때 일본 정부는 이 난민들을 어떻게 처리할 것인지…. 이것 역시 궁금하지 않을 수 없다.

Q13 한반도 유사시 북한이 일본을 공격할 가능성은?

A 전쟁이 발생하면 틀림없이 일본을 공격할 것이다.

한반도에서 전쟁이 발생하면 한국군만이 북한군과 교전하는 것이 아니라 자동적으로 주일미군도 전투에 참가하게 된다. 그런데 이렇게 되면 일본은 미일안보조약에 따라 미군에 협력하지 않을 수 없다.

이 조약이 아무리 '비군사 분야'의 협력이라 해도 북한은 일본의 협력을 '참전'으로 간주할 것이 틀림없다.

이같은 북한의 견해는 옳다. 그러나 일본은 직접 전투행위에 참여하지 않았기 때문에 전쟁에 가담했다고 볼 수 없다는 이론을 내 세울 것이다. 하지만 이같은 주장은 국제사회에서는 통하지 않는다. 전쟁은 전투행위만을 지칭하는 것이 아니라, 전투행위와 보급(병참)행위가 한조를 이루어 성립되는 것이다. 그러므로 보급기지를 제공했다는 것은 참전과 같은 맥락으로 해석된다.

따라서 북한측의 입장에서 본다면 자신들의 상대는 한국, 미국, 일본이라고 규정할 것이다.

예로부터 전쟁이 일어나면 '군량미 공략'이라는 전술이 구사되었다. 이 전술은 '무기'를 사용하지 않는 전쟁으로 표현된다.

전 북한군 인민무력부 중위 임영선(93년 8월 망명)은 '왜 일본이 공격을 받아야 하는가'라는 필자의 질문에 대해 그는 이렇게 말했다.

"가령 전쟁이 발생했을 경우, 일본의 참전은 불가피하다. 일본에는 미군 기지가 있다. 미군의 비행기나 함정을 폭격하는 것 만으로는 불씨가 꺼지지 않는다. 따라서 일본에 있는 미군 기지나 중요 군사 기지를 때려 부수지 않으면 안 된다."

만일 그렇게 되면 구체적으로 어떠한 공격이 예상될 수 있을까? 우선 개전과 동시에 일본의 미군 기지를 향해 탄도 미사일이 발사될 가능성이 높다. 왜냐하면 미 해병대가 한국으로 이동하지 못하게 하려면 미사일에 의한 선제공격을 하여 활주로나 기타 시설물을 일시적이나마 사용 불가능하게 만들 필요가 있기 때문이다. 북한이 일본 열도, 그리고 괌까지 제압할 수 있는 노동 및 대포동의 중·장거리 탄도 미사일의 개발을 서두르는 까닭이 바로 여기에 있다.

황장엽도 "북한은 전쟁이 일어나면 일본 등에 주둔하는 미군 기지를 공격하여 그것들을 무력화시킬 생각을 갖고 있다"고 말했다.

일본에서 미군의 항공모함이나 전투기가 출격하면, 이라크가 걸프전때 미군의 전선 기지 구실을 한 사우디아라비아에 대해 미사일을 퍼부은 것처럼 북한도 틀림없이 일본에 노동 미사일과 대포동 미사일을 쏘아댈 것이다. 또 잠수정들을 이용하여 일본에 특공대를 침투시켜 미군 기지를 비롯 전국적으로

53기에 달하는 원자력 발전소를 파괴시킬 가능성이 있다.

잠수함 사건의 산증인인 이광수는 필자와의 인터뷰에서 이렇게 말했다.

"북한이 가장 위협적인 존재로 생각하는 것이 주한미군이며 다음이 주일미군이다. 그리고 일본은 군사적으로 보급기지 구실을 하고 있기 때문에 일본을 빼고서는 전쟁을 생각할 수 없다. 그러므로 평소에 일본을 정찰하는 일은 극히 당연하다. 두고 보면 알겠지만 전쟁이 발발하면 확실히 일본도 공격 대상이 될 것이다."

"원자력 발전소도 공격 대상이 되는가?"라는 질문에 대해서는 다음과 같이 대답했다.

"그야 당연하지 않는가. 원자력 발전소를 빼놓을 이유는 어디에도 없다."

이광수의 말투는 왜 상식적인 질문을 하느냐, 라는 투다. 그래서 이렇게 질문해을 보았다.

'당신이 소속해 있던 제3해상처는 일본에도 잠수함을 이용해 공작원을 보낸 일이 있는가?'

"내가 직접 실행한 사람이 아니기 때문에 대답을 할 수 없지만 그것은 당연한 일이 아닐까…. 제3해상처에는 일본어에 능란한 동료도 있다. 나는 대남 침투요원이어서 배워둔 일본말도 잊었지만…."

이광수의 말이 사실이라면 이 시간에도 북한의 공작선은 일본 근해를 배회하고 있을 것이 틀림없다.

일본내의 미군 기지

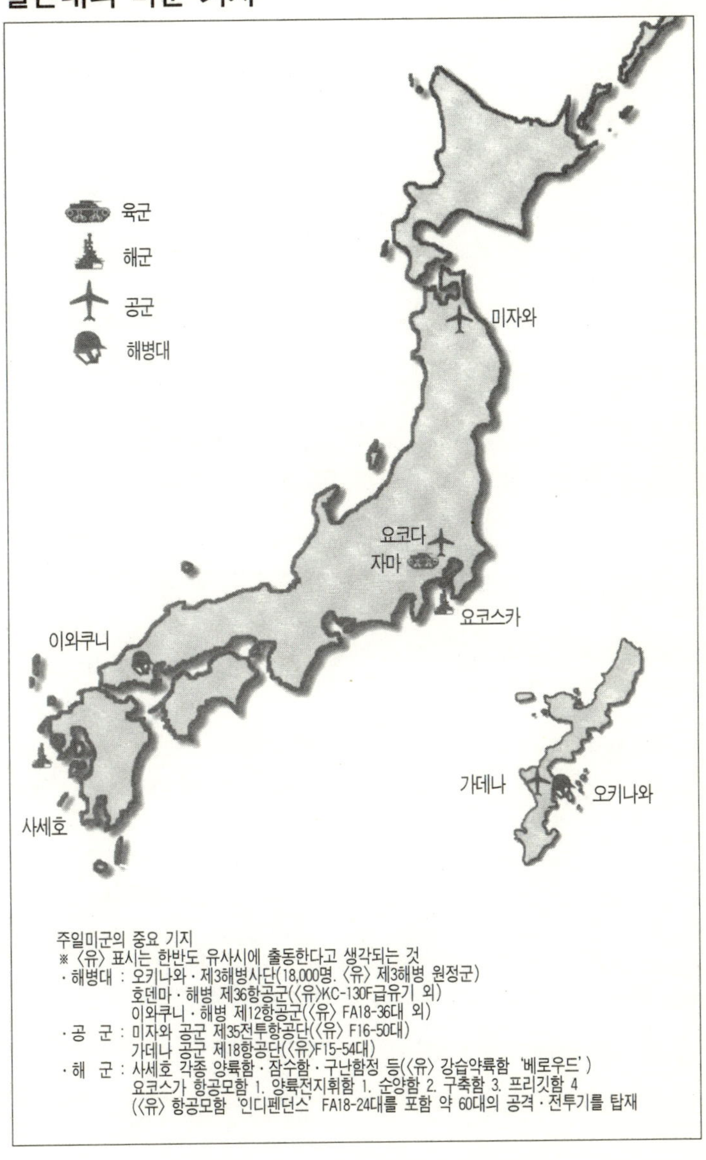

주일미군의 중요 기지
※ 〈유〉 표시는 한반도 유사시에 출동한다고 생각되는 것
·해병대 : 오키나와·제3해병사단(18,000명. 〈유〉제3해병 원정군)
　　　　호덴마·해병 제36항공군(〈유〉KC-130F급유기 외)
　　　　이와쿠니·해병 제12항공군(〈유〉FA18-36대 외)
·공 군 : 미자와 공군 제35전투항공단(〈유〉F16-50대)
　　　　가데나 공군 제18항공단(〈유〉F15-54대)
·해 군 : 사세호 각종 양륙함·잠수함·구난함정 등(〈유〉강습약륙함 '베로우드')
　　　　요코스가 항공모함 1. 양륙전지휘함 1. 순양함 2. 구축함 3. 프리깃함 4
　　　　〈유〉항공모함 '인디펜던스' FA18-24대를 포함 약 60대의 공격·전투기를 탑재

5

김정일은 어떤 사람인가?

Q 1 김정일은 황장엽의 망명을 어떻게 받아들였는가?

A 처음에는 납치라고 생각했으나 망명의사를 확인하고 나서는 곧 체념했다.

97년 2월 11일 주체사상을 체계화시킨 황장엽 전 서기가 일본에서 귀국하던 중, 북경에서 황급히 한국대사관을 찾아 망명을 요청했다. 당초 북한은 '한국의 안기부(현 국가정보원)에 의한 납치'로 보고 '힘에 의한 탈환'을 시사했지만, 그후 중국 외교부를 통해 망명의사를 확인하자 깨끗이 물러섰다.

실은 사건 직후 김정일은 당중앙위원회 책임간부들 앞에서 이 사건에 대해 언급한 일이 있다. 첫번째는 황장엽 서기가 망명한 6일 후인 17일이었다.

망명소식을 접한 김정일은 처음에는 '납치되었다'고 생각했던 모양인데 그것이 망명이라는 것을 알고 난 후 '큰 문제도, 복잡한 문제도 아니라는 것이 우리의 입장이다'라는 식의 논평을 넘으로써 황장엽 서기의 망명을 전혀 마음에 두지 않는 태도였다. 그 이유로는 '황은 주로 교육부문과 대외선전부문에서 일해왔기 때문에 당이나 국가, 군사기밀 분야에 대해 전혀 알지 못했다. 비록 그 사나이로부터 기밀 비슷한 것을 알아내었다 해도, 그것은 남조선 괴뢰들이 꾸며놓은 각본에 의해 조

작된 것일 뿐이다'라고 평가한 후 '황장엽은 당과 수령의 사
랑과 보살핌을 받아 어려움없이 지내온 자다. 그러한 자가 개
만도 못한 행동을 했다. 죽을 날도 멀지 않은 74세의 나이에
당과 수령의 신임을 배반했을 뿐만 아니라 아들, 딸, 손자까지
버리고 도망친 자를 어찌 인간이라고 말할 수 있겠는가' 하면
서 비난했다.

두 번째는 3월 5일에 행한 연설에서 언급한 것인데 "그 사나
이는 간부들 틈에 끼어든 음흉한 야심가로서 극도의 과대망상
증에 걸린 공명(功名)주의자, 출세주의자였다"고 신랄하게 공
격했다.

이 두 번째 연설에서 특히 주목되는 부분은 황의 망명과 주
체사상에 관련된 대목인데, 김정일은 "황장엽의 변절을 주체사
상의 변절이라고 떠들어대고 있지만 주체사상은 인민 대중의
사상이지 결코 개인의 소유물이 아니다"라고 강조한 뒤 '황장
엽은 변절했지만 주체사상은 여전히 인민 대중의 심장 속에
살아 있다"고 말했다.

여기에서 또 다른 부분에 대해 주목해야 할 것은 '배신자,
변절자는 예나 지금이나 평범한 인민 대중이 아니라, 간부계층
에서 나왔다'고 말하며 지도층에 대한 경계심을 나타냈다는
것이다. 그리고 '아무것도 하지 않고, 평안히 생활하는 자, 돈
과 지위에 급급해 하는 자, 간부에 대한 환상을 꿈꾸며 아첨하
는 자, 일을 기피하며 보신에만 집착하는자, 입만 나불대는자
를 경계하지 않으면 안 된다'고 연설을 끝맺고 있다.

Q2 김정일은 어떻게 후계자가 되었는가?

A 삼촌 김영주가 추천했으며 제1세대의 원로들이 지지했다.

김정일에 대한 후계자 지명, 그리고 권력 장악까지의 과정은 아직도 베일에 가려져 있다. 그런데 몇년 전 한국으로 망명한 어떤 사람이 김정일에 관한 흥미로운 글을 발표한 일이 있다.

저자의 이름은 신평길로 되어 있었는데, 물론 이 이름은 가명이다. 그가 갖고 있는 정보와 내용으로 미루어 보건데 그가 거물급임을 짐작케 한다. 《김정일과 대남공작》이라는 책에는 김정일이 후계자가 되기까지의 경위가 매우 자세히 기록되어 있다. 여기에 그 내용 일부를 소개한다.

60년(18세) 봄 남산고등학교를 졸업한 김정일은 김일성종합대 정치경제학부에 입학했다. 그리고 대학 4년 동안 각 분야의 지도교수들을 통해 지도자로서의 자질을 길러왔다.

철학과 이론 분야는 황장엽, 당투쟁사는 장성화(김정일의 의동생, 장성택의 맏형), 정치경제학은 과학원 경제학 연구소장인 김광진, 그리고 혁명사에 대해서는 김일성종합대 역사학부장의 박시형으로부터 개인지도를 받았다. 또 과학원 산하 어문학 연구소장인 김병제로부터는 어학을 배웠다.

김정일은 대학 시절, 아버지를 수행하면서 ‘현지지도’ 방식을 배웠다. 대학 4년 때는 삼촌인 김영주와 함께 소련 및 공산권을 방문한 적도 있다.

김일성종합대시절, 김정일은 당위원회에 소속되었지만 거기에는 관여하지 않고 전적으로 노동당 중앙위원회의 주요 회의, 중앙위원회 전원회의를 포함한 내각회의, 최고인민회의, 군계통의 군사간부회의, 정치간부회의 등 주요 회의에 출석했다. 한마디로 김일성의 아들이라는 특권 덕이다.

김정일이 정치에 발을 들여놓은 것은 김일성종합대를 졸업하고 중앙당에 배속된 64년의 일이며, 66년에는 조직지도부 중앙지도과 담당책임지도원에 임명되었다. 당시 24세였던 김정일은 당조직 지도부 부장인 삼촌 김영주(현 최고인민회의 상임위원회 명예부위원장) 밑에서 당과 정부의 전반적인 사업에 관여하기 시작했다. 그러는 가운데 김일성의 경호를 담당하는 호위업무까지 장악했다. 김정일이 본격적으로 당의 권력 기반 장악에 나선 것은 바로 이때부터이다.

고교 시절부터 영화, 연극, 음악 등에 남다른 관심을 가지고 있었던 김정일은 67년 9월경부터 배우, 작가, 연출가, 성악가, 연주가 등을 비롯하여 영화예술에 종사하는 관계자들을 상대로 대대적인 사상 캠페인을 전개했다.

한편 ‘생산도, 학습도, 생활도 모두 항일유격대식으로’라는 슬로건을 내걸고 그것을 예술영화정책의 지침으로 삼았다. 이때 ‘피바다’ ‘꽃 파는 처녀’ ‘어느 자위단원의 운명’ ‘밀림이

여 말하라' '당의 진정한 딸' 등이 만들어졌다.

72년 2~3월에 걸쳐 김정일이 주도하는 혁명가극의 총결산이 있었는데 이 자리에서 '피바다' '꽃 파는 처녀' 등 혁명가극을 관람한 김일성과 그의 측근들은 지나간 옛일을 회상하며 모두 눈물을 흘렸다고 한다. 원로들의 감탄을 산 혁명가극은 김정일에 대한 신뢰를 높여주는 계기가 되었다.

김정일은 69년(27세) 선전선동부 부부장으로 승진했다. 거기에다 삼촌 김영주가 병치료를 위해 외국 휴양지로 떠나자 조직지도부의 업무까지 전담하게 되었다. 이를 계기로 당의 2대 핵심부서를 장악한 김정일은 70년 초에는 이미 실력자의 한 사람으로 급부상했다. 이때부터 김일성의 측근들은 김정일을 문화예술 분야에 뛰어난 '영명한 지도자' '친애한 지도자'로 부르게 되었다.

한편 김일, 최용건, 오진우, 최현 등 빨치산 원로들은 김영주의 병이 심상치 않음을 들어 그의 지위를 김정일에게 이양하여 정치훈련을 본격화하는 것이 좋겠다고 김일성에게 진언하기 시작했다.

이렇게 하여 김정일을 후계자로 추대하는 움직임이 70년 제5차 대회부터 본격화하기 시작했다.

'김정일 후계 문제'는 71년 4월 하순에 열린 제5기 제2차 전원회의 후 당정치위원회에서 논의하기로 했다. 이같은 제안을 한사람은 와병중인 김영주였다. 김영주의 제안은 빨치산파의 공감을 얻기는 했으나 일단 유보해 두기로 했다.

그러나 김일성이 72년 4월 환갑을 맞게 되자, 김정일 후계 문제를 71년 11월 당중앙위원회 제5기 제3차 전원회의와 72년 7월의 제4차 전원회의에서 재차 논의 하게 되었다. 이렇게 되자 '김정일에게 대를 물려주게 하자'는 목소리도 커지기 시작했다. 이로인해 김정일은 73년 9월 제5기 제7차 전원회의에서 조직 및 사상담당 비서로 내정되었다. 그러나 김정일의 비서 선출은 공식화 되지 못했다.

그리하여 우선 당 내부에서는 김정일을 비서로 내정한 제5기 제7차 회의의 결정서와 그 이유를 설명하는 '붉은 편지'가 전국의 당 말단까지 보내졌다.

이제 '김정일 후계론'의 거센 흐름은 막을 수 없게 되었으며 새삼스럽게 그 이유를 내세우는 사람도 없었다. 이같은 조직적이며 집단적인 추대 결의를 바탕으로 74년 2월 당중앙위원회 제5기 제8차 전원회의에서 김정일을 유일한 후계자로 결정하기에 이르렀다.

Q 3 김정일을 지지하는 당 수뇌는 누구인가?

A 우두머리격은 계응태이며, 다음은 '4인조'와 5인의 수뇌들이다.

김정일을 떠받드는 우두머리격은 정치국원까지 겸하고 있는 계응태 서기(공안담당)이다.

계응태는 정보, 공안, 사법기관에 관한 보고를 직접 김정일에게 전달하는 인물이다.

그뒤를 잇는 자가 교육담당의 최태복 서기, 인사담당의 김국태 서기, 선전담당의 김기남 서기, 대남당담의 김용순 서기 이른바 '4인조'이다.

최태복은 유일사상체계(김정일 후계) 확립을 위해 선두에 선 인물이다.

김국태는 그의 아버지 김책이 김일성의 둘도 없는 전우였다는 인연으로 김정일로부터의 신뢰가 두텁다. 60년대 후반 김정일이 당선전선동부 부부장이었던 시절 그의 직속 상사(부장)였다.

김기남은 만경대 혁명학원 출신이다. '우리 식으로 살아가자' '생산도, 학습도, 생활도 항일유격대식으로 하자'라는 슬로건을 만들어내는 등 일관되게 선전 분야만을 담당하고 있다.

김용순은 현재 아시아 태평양 평화위원회 위원장으로서 대미, 대남뿐만 아니라 대일 관계까지도 관장한다.

이상의 다섯 사람이 '표면상의 브레인'이라고 한다면 '그림자역의 브레인'도 있다. 당경제정책 검열부장인 김경희, 재정경리부장인 노명근, 과학교육부장인 박송봉이 세 사람의 부장과 장성택, 염기성, 이용철, 문성술, 김시학 등 다섯 사람의 조직지도부 제1부부장, 그리고 당자금조달실의 임상종 제1부부장 등이다.

김경희는 김정일의 여동생이다. 95년 1월 김경희는 김정일 명의로 여군들에게 화장품을 선물한 일이 있다. 이때 김정일은 '김경희가 추진하는 사업은 김경희 재량으로 하라'고 지시했다. 이것 하나만 보아도 김정일의 뒤를 이을 실력자가 누구인가를 알 수 있다.

노명근은 70년대부터 당의 재정경리부장을 담당하고 있다. 금고를 맡아서 관리하는 만큼 김정일의 신임도 두텁다.

박송봉도 최태복과 함께 후계자 확립을 위해 교육과 선전을 담당했다. 97년경부터는 김정일의 내외 시찰에 수행하는 등 두각을 나타내고 있다.

장성택은 김경희의 남편으로서 김정일의 매제가 된다. 일본인 처의 고향방문이 장성택을 통하여 이루어졌다. 그는 가명을 사용하여 은밀히 일본을 방문한 적도 있다. 그런데 97년말에 발생한 '사로청 사건'(사회주의 청년동맹 간부들이 국가반역죄로 처형된 사건)에 연루되어 한때 숙청의 대상이 될 뻔하기도 하여 세력이 약화되었다.

염기성은 70년대부터 부부장으로서 김정일을 보필한 인물이다.

이용철은 인민군 작전국에 근무했으며, 93년에는 인민무력부 부부장(국방차관)에서 제1부부장(수석 국방차관)으로 승격된 인물이다.

문성술도 70년대부터 조직지도부와 선전선동부의 요직을 역임하고 있다. 80년대에는 한때 황해남도로 밀려난 일도 있었지만 당중앙으로 컴백했다.

김시학은 행정을 담당하고 있다. 그의 아버지가 김일성의 친동생 김철주(사망)의 절친한 친구였다.

이들 9명의 뒤를 잇는 자가 김창성, 이명제, 이재광, 강상준, 이철 등 5인의 조직지도부 부부장과 선전선동부의 김충일 제1부부장이다.

김정일의 비서실장인 김창성에 대해서는 잘 알려지지 않고 있다. 사망한 그의 부인이 김경희의 개인비서를 지냈다는 점이 출도가도에 오른 이유가 아닌가 하는 추측을 낳게 한다.

이명제는 김정일의 사생활을, 이재광 부부장은 간부의 당 생활을, 강상준 부부장은 의전(儀典)과 신변 경호를, 그리고 현재 제네바 대표부대사로서 오랫동안 스위스에 머물고 있는 이철은 김정일의 해외비밀자금을 관리하고 있다. 김충일은 70년대 국제연합 대표부에 근무한 바 있다. 80년대에 외교부 제1부부장에 발탁된 후 줄곧 현재의 자리를 유지하고 있다.

Q 4 김정일의 육성은 왜 공개되지 않는가?

A '신격화'를 위함과 동시에 건강 및 정신 상태를 노출시키지 않기 위해서이다.

노동당 총서기에 취임한 후에도 김정일은 공식석상에서 한 마디의 말도 하지 않는다.

아버지의 장례식(국장) 때도 장례위원장이지만, 김영남 외상(현 최고인민회의 상임위원회 위원장)에게 조사를 대독시켰다. 상주가 추도사를 읽는 것은 한국의 관습상 부자연스러운 일이지만, 김정일은 상주인 동시에 장례위원장이므로 추도사를 읽었다 해서 크게 흠잡을 만한 일이 아니다.

김정일은, 김일성이 해마다 설날이 되면 발표했던 신년사도 육성 대신 〈노동신문〉의 사설로 대신했다. 인민군 최고사령관에 취임한 이듬해인 92년에 거행된 인민군 열병식에서 '영웅적인 조선인민군 장병들에게 영광을 보낸다'고 짤막하게 말한 이후 누구도 공석에서 김정일의 육성을 들은 일이 없다. 일부에서는 '김정일이 언어장애에 걸렸다' '사람들 앞에서는 말 못하는 언치'라고 근거없는 소문이 떠돌기도 했다.

그러나 이같은 소문은 사실이 아니다. 북한이 97년 공개한 김정일의 기록영화(PR영화 : 3부작)를 보면 김정일은 사적인 자리에서 다변에 가까울 정도로 지껄이고 있다. 또 95년 10월에 발행된 김정일의 사진집(영어판)을 보면 간부들 앞에서 거리낌 없이 이야기하고 있다(연설장면의 사진).

92년 김정일 최고사령관 취임 1주년 축하파티에 초청된 조총련 대표단의 한 사람은 말하기를 '말이 없다고요? 그는 참으로 능란한 웅변가였어요'라고 필자에게 말해 주었다.

북한이 김정일의 육성을 의식적으로 외부에 알리지 않는 것은, 그를 카리스마로 만들기 위한 술책인지도 모른다. 죽은 김일성은 철저히 신격화되었다. 신과 같은 존재가 되었기 때문에 인민들은 무조건적으로 그를 복종하게 되었다. 김일성의 말을 북한에서는 '교시(教示)'라고 말하며 그 말은 헌법보다도 절대성을 지니고 있다.

아버지가 '살아 있는 신'이었다면, 그 아들도 당연히 '신과 같은 존재'가 되지 않으면 안 된다. 그렇게 되기 위해서는 대중 앞에서 함부로 입을 열지 않는 것이 상책이다. 지도자의 신격화는 국민을 통치하는 입장에서 가장 강력한 수단이 된다.

입을 열지 않는 또 하나의 이유는, 김정일의 육성이 공개되면 미 CIA나 한국 정보기관에 의해 기질, 성격, 건강 문제에 이르기까지 체크당하기 때문이다. 아마도 그런 것을 염려하여 육성 공개를 두려워하는지도 모른다. 북한에게 있어서는 김정일 그 자체가 국가의 최고 기밀인 것이다.

Q5 김정일의 후계자는 누구인가?

김일성은 김정일을 후계자로 지명하기 전에 한때나마 친동생인 김영주(현 최고인민회의 상임위원회 명예부위원장)를 후계자로 생각한 일이 있었다.

김정일에게는 세 명의 동생이 있지만 모두가 배다른 동생으로서 냉대를 받고 있다.

금년 45세가 되는 차남인 김평일(현재 핀란드 대사)은 대의원에도 선출되지 못한 처지이다. 세 사람의 실모인 김성애가 33년 동안 맡아왔던 여성동맹위원장 자리에서 해임된 것만 보아도 김평일이 대의원으로 선택될 가능성은 없다.

그렇다면 다음 후계자는 과연 누가 될 것인가?

가장 가능성이 높은 사람은 김정일의 장남인 김정남이다. 김정남은 부인 성혜림과의 사이에서 태어난 아들로서 71년생이므로 현재 28세가 된다.

김정일이 후계자로 선출된 것은 72년인데 그의 나이 30세 때의 일이다. 그때 아버지 김일성은 60세의 환갑을 맞고 있었다. 아버지로부터 아들에의 세습은 '혁명위업을 계승 발전시키기 위해서는 수령에게 가장 충실하고, 수령의 사상을 터득한 인물이 후계자로 선택되어야 한다'는 '후계론'에 근거하고 있다. 그래서 후계자 선출 시기의 패턴을 답습한다면, 김정일이 환갑을 맞는 3년 후인 2002년에 김정남이 아버지 김정일의 정식 후계자로 선출 되어야 한다는 것이다. 김정남도 아버지와 마찬가지로 베일에 가려져 있지만, 북한에서는 '황태자'와 같은 존재로서 거의 절대적인 위치와 신분을 지니고 있다. 92년 북한을 탈출하기까지 김정일의 양녀로서, 김정일 저택(15호 관저)에서 정남이와 함께 지냈던 친척 이남옥은 CNN 등 서방측 언론과의 인터뷰에서 김정남에 대해 이렇게 말하고 있다.

"성격은 쾌활한 편이다. 독자적인 행동은 허용되지 않으며, 완전히 외부세계와 차단된 생활을 하고 있다. 가끔 외출을 할 때에는 시중드는 사람이 따르며, 함부로의 행동이 금지되고 있다. 아버지의 말은 비교적 잘 듣는 편이다."

그러나 이남옥은 92년 이후에 있었던 일에 대해서는 전혀 알지 못한다. 그 이후의 상황은 전 총리인 강성산의 사위 강명도가 알고 있다.

"김정남은 93년 3월 고려호텔 지하에 있는 나이트클럽에서 술에 취해 발포사건을 일으켰다. 경호원들은 사태를 수습하고, 호텔 관계자들에게 함구령이 내려졌지만 이 사건을 계기로 '김정남은 불량하고 포악한 자'라는 소문이 났다"고 한다.

최근 한국의 언론들은 고영희와의 사이에서 생긴 차남인 김정철이 후계자로 지명될 가능성이 있다고 보도한 일이 있지만, 신빙성이 없다.

Q6 김정일 체제의 권력서열은?

넘버 2는 김영남이다. 그리고 이용무가 넘버 10으로 급부상하고 있다.

최고인민회의의 서열은 다음과 같다.

① 김정일 국방위원장, ② 김영남 최고인민회의 상임위원장, ③ 홍성남 총리, ④ 이종옥 최고인민회의 상임위 명예부위원장(사망), ⑤ 박성철(사망), ⑥ 김영주(사망), ⑦ 조명록 국방위 제1부위원장(겸 군총정치국장), ⑧ 이을설 국방위원, ⑨ 김일철 국방부위원장(인민무력부장), ⑩ 이용무 국방부위원장, ⑪ 계응태 서기, ⑫ 전병호 국방위원, ⑬ 한성룡 서기, ⑭ 김영춘 군총참모장(국방위원), ⑮ 양형섭 최고인민회의 의장, ⑯ 최태복 서기, ⑰ 김철만 국방위원, ⑱ 연형묵 국방위원, ⑲ 백학림 국방위원, ⑳ 전문섭 최고인민회의 상임 명예부위원장(사망), ㉑ 최영림 전 부총리, ㉒ 홍석형 전 국가계획위원회 위원장

이와 같은 서열을 분석해 보면 22명 중, 국방위원이 무려 9명이나 되어, 3명에 지나지 않았던 김일성 체제에 비하면 군인 등용이 두드러지게 나타나 있다.

이 중에서 주목을 끄는 사람은 이용무 전 교통위원회 위원장인데, 국방위 부위원장으로 발탁되어 일약 당내 넘버 10으로, 그리고 인민군대에서는 넘버 3으로 뛰어올랐다는 점이다.

김정일 위원장과는 친척 관계에 있는 이용무는 군 간부의 육성기관으로 알려진 평양학원 출신으로서 연대장, 사단장, 군단정치위원, 북경주재 무관 등을 역임했으며, 70대에는 군총정치국장 자리까지 올랐다. 그후 77년까지 그 자리에 있었는데 오진우인민무력부장과 충돌한 것이 화근이 되어 권력 남용이라는 문책을 받고 10년간 양강도의 임업공장 지배인으로 좌천된 경력을 갖고 있다. 그러다가 86년 다시 컴백하여 그후 사회안전부 정치국장, 국가검열위원회 위원장을 거쳐 91년 12월 정무위 교통위원회 위원장에 임명되었다가 이번 국방위 부위원장으로 발탁되었다. 특히 92년 4월에는 '김일성 훈장'까지 받았다.

이 밖에 인민무력부장인 김일철 대장이 넘버 9로 부상하고 있다. 총리로 다시 복귀되리라고 예상했던 연형묵 자강도 당서기는 경제부문이 아니라 국방위원으로 옮겨갔다. 그것은 군수산업을 중시한 인사 조치라고 하겠다. 그리고 국가기관의 사법부문인 중앙재판소(최고재판소) 소장(小將) 자리에는 김병률 호위사령부 정치위원이, 중앙검찰소(최고검찰) 소장에는 최영림 서기가 기용되었다. 최고인민회의 법제위원회의 면면을 보면 백학림 사회안전상이 위원장을 맡았으며, 김병률과 최영림은 평위원 자격으로 그 밑에 있다. 이같은 사실로 미루어 볼 때 사회안전성이 중앙검찰소나 중앙재판소보다 상위에 있다는 것을 말해준다.

한편 정무원(내각)은 경제 두뇌들로 채워져 있어 '경제내각'의 색채가 짙다. 총리직에는 와병중인 강성산을 대신하여 총리대행직을 맡고 있던 홍성남이 총리로 승진했다. 그리고 과거 열 개의 부총리 자리 두 개로 줄여, 조창덕 전 채굴공업위원장과 곽범기 전 기계공업부 부장을 부총리로 승진시켰다. 조창덕 부총리는 72년 12월 중공업위원회 광업총국 국장에 취임한 이래 지금까지 광업 분야만을 전담해왔다. 또 곽범기 부총리는 90년 희천공작기계종합공장 지배인으로 있다가 93년 정무원 기계공업부 부장으로 임명되었다.

이번 인사의 특징은 지금까지 유지해오던 32개 부서를 23개 부서로 통폐합하고 부서의 최고책임자를 전원 경제기술자로 대체했다는 점이다. 그리고 이번 내각인사에서는 총리를 포함하여 모두 16명의 새로운 인물들이 기용되었다. 중요 요직을 살펴보면, 국가계획위원장에 박남기 전 평양시 행정경제위원회 위원장, 농업상에는 이하섭 전 농업위원회 부위원장, 경공업상에 이연수 전 경공업위원회 방적공업 총국장, 무역상에 강삼모 전 대외경제협력이 위원회 부위원장, 상업상에 이용선 전 상업부장이다. 또 전기, 석탄공업상에는 신태록 전 안주탄광기업소 지배인이, 건설건재공업상에는 조윤희 전 건설부장이, 철도상에는 김용삼 전 철도부 참모장이, 도시경영·국토환경보호상에는 최종건 전 도시경영부 부부장이, 국가건설·감독상에는 배달준 전 국가건설위원회 제1부위원장이 등용되었다. 재정상에는 홍일점 여성인 임경숙 전 중앙은행 부총재가 선출되었다. 이 중 재임명된사람은 사회안전상의 백학림, 육·해운상의 김영일, 교육상의 최기룡, 보건상의 김수학, 체육상의 박명철 등 다섯 명뿐이다. 외상에는 백남순 전 폴란드 대사가 임명되었는데, 대남 담

당의 조국평화통일위원회 서기로 알려진 백남준과 동일인이라
는 설도 있다.

국가권력구도

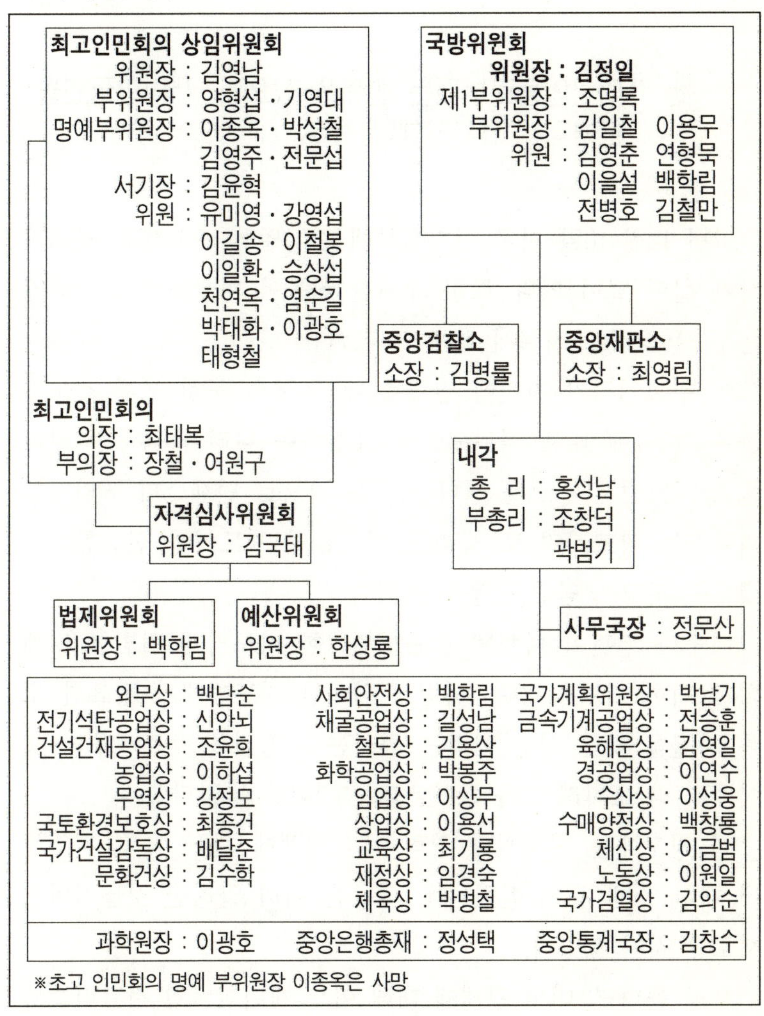

Q 7 <뉴욕타임즈>에 실린 김정일의 광고기사에 대한 평판은?

A 미국인들로부터는 빈축을 샀으며, 재미한국인들로부터는 경시당했다.

97년 12월 16일 미국 현지신문에 김정일을 추켜세운 광고기사가 실린 일이 있다. 특히 게재한 신문이 미국에서도 권위있는 〈뉴욕타임즈〉지여서 화제가 되었다.

이 광고기사가 지면에 실렸을 때, 미국의 북한 문제 전문가들은 '미국에 대해 식량원조를 요청하는 나라가 귀중한 외화를 낭비하면서 광고를 낸다는 것은 참으로 넌센스다' '의견을 피력하는 광고라면 또 몰라도 자신들의 지도자를 선전한다는 것은…' 하고 냉담한 반응을 보였다.

더구나 평판이 나빴던 것은 '위대한 지도력과 비범한 지혜와 고귀한 미덕을 갖춘 사람' '위대한 지도자에게 필요한 모든 자질을 갖춘 사람'이라는 찬사는 김정일을 추켜세우는 것이 아니라 오히려 그를 끌어내리는 결과를 낳았다.

이 광고에는 김정일의 경력, 내외정책에 관한 어록, 저작물에 대한 소개 등이 실렸는데, 내용은 이미 알려진 것들이어서 새로운 것이 없었다.

예를 든다면, 대미 관계에 대해 어느 재미한국인 저널리스트에게 보낸 공개서한을 인용하는 식의 형태로 '우리는 미국을 영원한 적으로 생각할 의도는 조금도 없다. 우리는 미국과의 관계 개선을 희망하고 있다'고 언급했다.

또 대남 관계에 대해서도 '만일 남조선 당국이 현재의 반민족, 반통일의 대결정책을 버리고, 모든 겨레의 기대에 부응하여 행동으로 긍정적인 변화를 보인다면 우리들은 언제라도 만나서, 민족의 운명에 관해 허심탐회하게 이야기를 주고받으며 조국의 통일을 위해 노력할 것이다'라고 주장했는데 지금까지의 공식 견해를 되풀이한 것에 지나지 않았다.

김정일의 경력에 대해서는 64년, 김일성종합대 정치경제학부의 졸업을 시작으로 '97년 10월 노동당 총서기로 추대되었다'는 부분까지 〈노동신문〉에서 사용하는 똑같은 고딕체 활자를 썼다는 것이 눈길을 끌었다.

이 광고에 대해 재미교포 사회는 물론 북한의 신세대 사이에서도 불만과 냉소의 목소리가 거세었다. 한마디로 요약한다면 '북한에게 도리어 역효과를 가져왔다' '미국 여론에 귀가 먼 무지한 자들의 어리석은 장난이다'라는 혹평이다.

Q8 김정일의 전처 성혜림은 과연 망명을 했는가?

A 망명하지 않았다.

아직도 기억에 새로운 96년 2월 김정일의 전처이며, 장남인 김정남의 생모가 되는 성혜림(62세)이 망명했다는 소식이 전해져 법석을 떤 일이 있다. 한국의 언론은 "성혜림이 언니 혜랑과 언니의 딸 이남옥, 그리고 수행원과 함께 1월 20일 모스크바를 출발하여 스위스 제네바로 향했는데, 2월 초순까지 거기에서 정양하다가 갑자기 자취를 감추었다"고 대대적으로 보도했다.

성혜림은 평양연극영화대학을 졸업한 후 '분계선의 마을'이라는 영화로 데뷔했다. 그리고 이어서 '백일홍' '인민학교' 등에 주연으로 등장하며 3대 여우 중 한 사람이 되었다. 그후 20여 편의 작품에서 인기를 모으다가 김정일과의 결혼(동거설도 있다)을 계기로 영화계를 떠났다. 그리고는 정남을 출산했다.

그러다가 성혜림은 건강이 나빠져, 73년 가을부터 요양을 위해 모스크바에 장기간 체류하는 일이 많아졌다. 성혜림 자매의 망명설이 신빙성을 띠기 시작한 것은 언니인 성혜랑이 모스크바를 떠날 때 14년 전 한국으로 망명한 아들(이한영)과의 국제전화에서 두 자매가 망명을 생각하고 있다는 점을 시사했기

KIM JONG IL Emerges as the Lodestar for Sailing the 21st Century

Kim Jong Il, Leader of the Democratic People's Republic of Korea, has been elected General Secretary of the Workers' Party of Korea by the Unanimous Will and Desire of the Korean People!

The North Korean leader Kim Jong Il is a man of great leadership, remarkable wisdom and noble virtues. He is always with the popular masses sharing the ups and downs of life with them.
Indeed, he is equipped with all the qualities a great leader needs.
Kim Jong Il, a new leader of the 21st century, will surely break fresh ground in the political, economic, military and diplomatic fields of Korea, succeeding excellently to the cause of the late President Kim Il Sung.

General Secretary Kim Jong Il's Remarks on His Policies

Major Works of Kim Jong Il

Chronology of Kim Jong Il

<뉴욕타임즈>에 게재된 김정일 찬양광고

때문이다.

망명보도가 있은 후 성혜림의 망명처로 거명된 네덜란드 정부는 성혜림은 물론 그 어떠한 북한인도 망명을 요청한 일이 없다고 부인했다.

한편 이남옥이 프랑스 유학의 경험을 근거로 '성혜림 일행을 프랑스의 정보기관 GDSE(대외안전총국)가 보호하고 있을 가능성이 있다'는 보도가 전해진 일도 있었다. 그후에도 '성혜림 일행이 스위스에서 독일의 라므슈타인 미 공군 기지로 이송되어 그곳에서 미 CIA의 북한담당관의 조사를 받은 후, 루트를 통해 미국으로 옮겨졌다'는 보도(조선일보)도 있었는데, 미 국무성의 번즈 보도관(당시)은 '미국이 성혜림 일행과 접촉한 사실이 전혀 없다'고 발표한 탓에 '미국 망명설'도 흐지부지 되어 버렸다.

그로부터 5개월 후인 97년 7월 한국 안기부(현 국가정보원)는 성혜림이 모스크바의 바비로워가에 있는 자신의 아파트에 돌아와 있다는 것을 러시아의 정보당국자로부터 확인했다고 발표했다. 이로써 성혜림은 언니, 조카와 함께 망명한 사실이 없다는 결론을 내렸다. 실지로 그들은 현재 평양에서 살고 있는 것으로 판명되었다.

냉정히 생각해 보면, 아들이 장래에 지도자가 될 신분인데 무엇 때문에 망명을 하는가 하는 의심을 자아내게 한다.

 김정일 체제는 과연 안정되어 있
는가?

A 거시적인 관점에서는 안정이 되고 있지만, 미시
적인 관점에서는 불안 요인이 많다.

쿠데타나 인민봉기가 일어날 가능성은 극히 적다. 그런 면에
서 김정일 체제는 안정되었다고 말할 수 있다. 그러나 체제가
아무리 빈틈이 없이 보여도 허점은 너무도 많다.

예를 든다면 김정일 밑에는 서기(書記)가 10명 있는데 이미
한 사람(황장엽)은 김정일을 등지고 한국으로 망명했다. 또 한
사람(서관희)은 국가반역죄로 처형당했다.

황장엽은 너무도 잘 알려져 있듯이 주체사상을 체계화한 북
한 제일의 정치사상가이다.

서관희는 40년간 농업 분야에 전념해온 북한의 '주체농법'
의 권위자이다. 서는 해방 후 모스크바에 유학했으며, 한국전
쟁이 끝난 후 황해도 농촌경리위원장에 취임했다. 그후 평양시
농촌경리 위원장, 정무원 농업위원장을 거쳐 82년부터 농업담
당 서기에 취임했다. 그는 심장질환을 앓고 있어서 술이라곤
한방울도 입에 대지 않으며 명석한 두뇌로 명쾌하게 이론을
전개하는 엘리트였다. 그가 80년과 92년, 북한의 최고훈장인
'김일성 훈장'을 두 번씩이나 받은 공적으로 미루어 김일성의

신뢰가 남달리 두터웠던 것 같다. 이처럼 권력의 중심부에 있던 인물이 처형되었다는 것은 사태의 심각성을 입증해준다. 문제는 이들 두 사람으로 끝나지 않았다.

당관계자로는 평안남도 당위원회의 피창린 서기이다. 91년 12월까지 개성시 당위원회책임비서로 있던 김기선(당중앙위원)을 포함한 다섯 명의 당 부부장급이 처형되었다. 김기선은 82년 '김일성훈장'을 받았으며, 남포시 인민위원회 위원장 및 개성시 인민위원회 위원장을 역임할 만큼 거물급 인사였다.

이 밖에 현준극 당국제부장, 길재경 당국제부 부부장, 전희경 당조사부장, 이창선 당사회문화부장 등 대외, 대남 간부들이 실각되었다. 권희경 조사부장의 경우 'KGB의 간첩' 협의까지 받았으니 정말 놀라운 일이다.

숙청된 사람은 당간부만이 아니다. 군(軍)에서도 이봉원 대장이 인민군 총정치국 부국장 자리에서 부정축재 혐의로 공개처형되었다는 정보가 있다.

이봉원은 84년에 인민군중장, 85년에 상장(중장과 대장 사이의 계급)으로 진급되어 88년 10월 인민군 총정치국 부국장으로 발탁되었다. 그리고 4년 후 92년 4월에는 대장으로 승진하는 등 출세가도를 달려온 군인 중의 한 사람이다. 95년 10월 당 창건 50주년 인민무력부 연구토론회 토론자로 참가하여 김정일로부터 표창을 받은 바도 있다. 한때는 '오진우의 후계자'라는 말도 떠돌았다. 그러한 이봉원의 죄명은 '반역죄'였다.

김영룡 국가보위부 제1부부장도 숙청된 듯하다. 김영룡은 김정일과는 대학 동기로서 군의 계급은 상장이다. 부장인 이진수가 87년에 사망한 탓으로 그후 줄곧 부장직을 대행해 왔다. 그런데 어느날 술자리에서 '이대로는 안 된다. 개혁과 개방을 해야 된다'라고 불만을 터뜨린 것이 화근이 되어 체포되었다. 운명이란 알 수 없는 일이다. 지금까지 체포하는 입장에 있던 최고 실력자가 도리어 체포되었기 때문이다.

김정일 총서기의 친위조직인 김일성 사회주의 노동청년동맹 내에서 최현덕 부위원장 이하 다섯 명의 간부가 공개 처형된 사건이 있었다. 그들의 죄명도 모두 '간첩죄'였다.

김일성 사회주의 노동청년동맹 부위원장직에서 사회안전부로 배치된 함운건 정치국 부국장과 청년동맹 산하의 은성무역상사의 이병석 사장 등은 이 사건에 연류되어 모두 처형되었다.

500만 명의 청년층을 끌어안고 있는 '사로청'은 당과 군대와 더불어 김정일 체제를 떠받들고 있는 세 개의 기둥 중 하나로 알려져 있다. 이같은 전위조직의 집행부가 한국의 정보기관에 포섭되었다는 것은 보통 문제가 아니다.

이 사건으로 인해 86년 이래 11년 동안 줄곧 위원장 자리에 있던 최룡해가 해임되었다. 원칙대로 한다면 최룡해도 처형을 면하기가 어려운 처지였다. 그러나 그의 아버지가 김정일을 후계자로 강력히 추천한 초대 인민무력상 최현이라는 점과, 김정일의 손아래 매제 장성택 당조직 지도부 제1부부장과 친밀한 사이라는 점들을 고려하여 지방으로 추방하는 것으로 사건을 일단락지었다(그후 그가 자살했다는 정보가 있다).

최룡해의 상사로서 청년동맹을 감독하는 입장에 있는 김정일의 여동생(김경희 당정책 검열부장)의 남편 장성택도 이사건으로 미묘한 입장에 처했다. 이 역시 원칙대로 한다면 당조직 지도부 제1부부장 자리에서 해임되어야 마땅하지만 김정일의 인척이라는 점이 고려되어 국가보위부가 손을 대지 못했다고 한다.

숙청은 경제부문까지 확대되어 북한이 경제특구로 지정한 나진, 선봉 자유무역지대의 개발담당자였던 김정우 및 김문성 부위원장, 그리고 이성록 국제무역촉진위원회 위원장들이 희생되었다.

외교관의 망명을 포함, 각 분야에서의 망명자가 끊임없이 이어지는 것도 불안 요인의 하나이다.

장승길 이집트 대사를 비롯하여 한국으로 망명한 로마주재 국제연합 식량기구(FAO) 북한대표부 김동수 서기관, 그리고 독일, 태국에서도 외교관 망명이 잇달아 발생하여 이 일년 반 사이에 외교관의 망명사건은 다섯 건에 이르고 있다.

Q 10 김정일을 둘러싼 장군들은 누구인가?

A 김정일이 발탁한 군인사는 한 사람의 원수, 11명의 차수, 16명의 대장이다.

현재 북한에는 원수가 2명, 차수가 11명있다.

최고사령관이 김정일과 같은 원수인 **이을설**은 호위총국장으로서 김일성 주석을 보필해온 혁명 제1세대이다. 그리고 차수로서는 조명록, 김영춘, 백하림, 이하일, 김익현, 김일철, 전재선, 박기서, 이종산, 최인덕, 이두익 11명이다. 이들 중 이두익 차수는 최고인민회의에서 재선이 되지 못해 탈락될 것이 거의 확실하다. 조명록과 김영춘 차수는 김일성 주석이 사망한 후 급부상했으며, 이미 이을설 원수와 함께 정치국원에 준하는 대우를 받고 있다.

조명록 차수는 95년 10월에 차수로 승진됨과 동시에 공군사령관에서 총정치국장으로 발탁되었다.

김영춘 차수는 군의 작전국장 자리에 있었는데, 88년 오진우 인민무력부장(인민무력상)과 오극렬 인민군 총참모장과의 대립에 휘말려 한때 밀렸다가 93년 말 군수동원 총국장으로 실력권에 복귀했다. 그후 제6군단장(제6군사령관)에서 95년에는 차수로 승진됨과 동시에 인민군 총참모장으로 기용되었다.

조명록, 김영춘 차수에 이어 김일철 인민무력부장, 이하일 당군사부장, 박기서 수도방어사령관, 전개선 제1군단장의 네 사람이있다.

해군사령관이었던 **김일철** 차수는 조명록, 김영춘, 이하일 세 사람과 함께 92년 4월 대장에 승진했지만 차수 진급은 그들보다 1년 6개월이나 늦었다. 그후 97년 4월에 사망한 김광진 차수의 뒤를 이어 해군사령관에서 인민무력부 제1부부장에 기용되었다가, 98년의 최고인민회의(9월)에서 인민무력상에 발탁되었다.

이하일 차수는 95년 10월 조명록 총정치국장, 김영춘 총참모장과 함께 차수로 승진된 '삼총사'의 한 사람이다. 96년 7월 김일성 사망 2주기를 맞아 조명록, 김영춘 차수보다 서열이 뒤로 밀려났지만 중요 직책인 당군사부장 외에 당중앙군사위원과 국방위원까지 겸하는 실력자이다.

박기서 차수는 야전사령관 출신으로 수도방어사령관으로 임명되기 전까지 820전차군단장으로 있었다. 그는 당군사위원이기도 하다.

전재선 차수는 부총참모장에서 제1군단장으로 전출되었다. 차수로서는 유일한 군단장이다. 금강산 발전소, 월미산 발전소 등 대규모의 건설공사를 완성시킨 공로로 96년 11월 '공화국 영웅' 칭호를 받았다. 특히 97년 4월 군창건 기념식 때는 열병식 현장에서 조명록, 김영춘, 김일철 차수 등과 함께 제일 앞줄에 서게 되는 영광을 안았다.

차수 그룹에는 빨치산 출신인 사회안전부의 백학림, 당중앙
위원회 민방위부장인 김익현, 인민무력부 부부장인 이종산 장
군이 있지만, 고령의 김일성군사종합대 학장인 최인덕 차수 처
럼 실권이 없다.

대장은 모두 16명이다. 이들 중 현철해 총정치국 부국장(조
직담당), 박재경 총정치국 부국장(선전담당), 김하규 작전국장,
오극렬 당작전부장 등은 선두 그룹에 속한다. **현철해** 대장은
91년 당중앙위원 후보로 지명되어 92년에 당중앙위원이 되었
는데 후방총국장(91년)에서 95년 10월 대장으로 승진하여, 총
정치국 부국장(조직담당)에 발탁되었다.

박재경 대장은 총정치국에서 선전을 담당하고 있으며 김정
일 총서기의 시찰에 자주 수행하고 있다. 97년 12월에 대장으
로 승진했다.

김하규 대장은 오랜 세월 포병사령관직에 있었는데 김명국
당작전국장이 군단장으로 전출된 뒤를 이어 포병사령관이 되
었다. 김하규 대장도 당군사위원 중 한 사람이다.

오극렬 대장은 88년까지 인민군 총참모장 자리에 있었던 김
정일의 측근 중 한 사람이다.

대장 가운데 장성우 호위사령관과 원응희 보위사령관은 절
대로 무시할 수 없는 사람이다.

장성우 대장은 김정일 총서기의 여동생 남편인 장성택 당
조직 지도부 제1부부장의 친형인데, 호위사령관에 취임할 때까
지는 사회안전부 정치국장의 자리에 있었다. 김일성 주석 사망

후 김정일의 신변경호를 담당하는 경호총국이 호위사령부로 확대 개편되면서 그 책임자로 임명되었다.

원웅희 대장은 군 정보기관의 제1인자인 보위사령관으로서, 군 내부를 체크하는 강력한 힘을 지니고 있다.

대장으로는 이 밖에 김명국, 김격식, 주상성, 김성규 등 4명의 군단장이 있다.

김명국 대장은 92년 4월 중장으로 승진된 지 두 달 만에 상장이 될 만큼 출세운이 좋다. 이 사람도 당 작전국장 자리에서 군단장으로 전출하고 있다.

상장은 약 60여 명이 있는데 선두 그룹 4인방은 이명수, 이용철, 김대식, 여춘식 등 네 사람이다.

이명수 상장은 작전국에 속해 있지만 직책은 알려지지 않고 있다. 96년 11월부터 김정일이 군부대를 시찰할 때마다 수행을 하고 있다.

이용철할 때 수행하면서 처음으로 그 모습을 드,러냈다. 인민무력부 담당의 당 조직지도부 제1부부장으로서 당군사위원이기도 하다.

김대식 상장은 대남담당 정찰국장이다. 96년 9월 잠수함 침투사건의 책임자였던 까닭에 거취가 주목되었는데 사건 후 중장에서 상장으로 승진했다.

여춘석 상장은 제4군단장이다. 상장으로는 이례적인 기용이다.

① **생년월일** : 1942년 2월 16일

② **출생지** : 러시아 하바로프스크(공식 발표로는 양강도 삼지연군 백두산)

③ **학력** : 1948년 평양남산학교 인민반 입학. 50년 중국땅으로 소개(疎開). 길림학원에 전입학. 52년 11월 만경대혁명학원(길림성 : 당시 만경대혁명자녀학원) 4년생으로 편입. 53년 8월 귀국, 동년 9월 삼석인민학교에, 54년 2월에는 평양제4인민학교로 전학. 동년 9월 평양제1중학교에 입학. 57년 9월 평양남산고급중학교 입학. 58년 동독일 항공군관학교 유학. 60년 김일성종합대학(정치경제학부) 2년 편입. 64년 4월 졸업

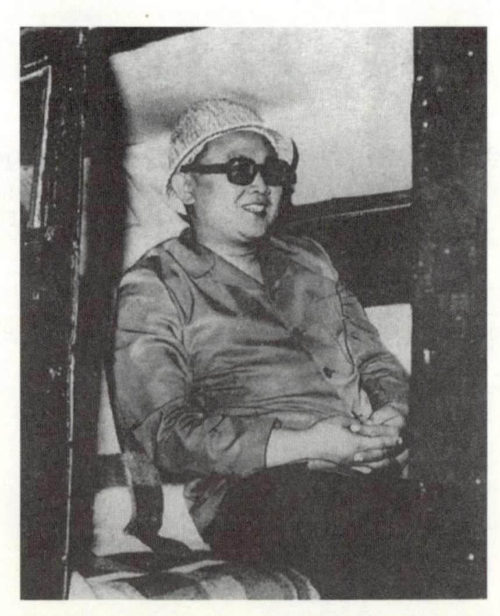

④ **졸업논문** : 〈사회주의 건설에 있어서의 군(郡)의 위치와 역할에 대해서〉

⑤ **경력** : 61년 조선노동당에 입당, 64년 당중앙조직지도부 지도원, 69년 동 부부장, 70년 당문화예술부장, 72년 12월, 당중앙위원회 제5기 6차 전원회의에서 후계자로 내정, 73년 당조직 및 선전담당서기(정치국원 후보), 74년 당중앙위원, 80년 제6회당대회에서 정치국 상무위원 및 군사위원회 위원, 82년 최고인민회의 제7기 대의원, 90년 5월 국방위원회 제1부위원장, 91년 12월 인민군 최고사령관, 93년 4월 국방위원회 위원장, 97년 10월 노동당 총서기, 98년 9월 국가 최고위직에 추대

⑥ **훈장** : 77년 공화국 영웅 칭호, 79년 김일성 훈장 제1급, 92년 공화국 원수

⑦ **정령(政令)** : 75년에 자신의 생일(2월 16일)을 경축일로 정함. 82년 출생지가 '백두산'으로 공식 발표됨.

⑧ **외유경력** : 57년 소련 방문(소련혁명기념일 식전에 참석하기 위해 김일성 수상을 수행), 58년 동독에 유학, 대학 시절 삼촌인 김영주(현 최고인민회의 상임위원회 명예부위원장)과 함께 동유럽 일주, 같은 해 체코의 프라하에서 열린 세계민청대회에 북조선대표로 참가, 65년 4월 인도네시아 방문(반둥회의에 참석하는 김일성 수상을 수행), 83년 6월 중국을 공식 방문

⑨ **주요 저서** : 《영화예술론》(74년), 《주체사상에 대해》(82년), 《문화예술론》(83년) 등

⑩ **가족** : 재혼한 김영숙(김혜숙이라는 설도 있음)과 2남 3녀를 둠.

⑪ **특징** : 신장 163센티미터, 체중 82킬로그램, 비만체, 근시안이며, 굵은 테안경을 끼고 있음. 머리형은 퍼머

⑫ **취미** : 승마, 사냥, 낚시, 요트, 음악감상, 영화감상(‘람보’
에서 ‘사나이는 괴롭다’까지)

⑬ **담배** : 영국제 ‘던힐’

⑭ **음주** : ‘헤네시’ ‘뱀술’

⑮ **특기** : 피아노, 바이올린연주

⑯ **성격** : 신념이 강하고 배짱이 두둑하다(아버지 김일성의
평), 개성이 강하고 남들이 하는 말을 잘 듣지 않지만 합리
적인 생각의 소유자(김정일과 가까운 조총련계 김서명의
평), 자신이 하겠다고 결심하면 해내는 타입(토카첸코 구소
련공산당 국제부 부부장의 평), 싹싹하고 유머가 있다(이탈
리아인 실업가 카루로 바리에의 평), 머리는 좋지만 인간미
가 없다(한국의 신상옥, 최은희 부부의 평)

⑰ **정치 스타일** : 폭넓은 정치

⑱ **주요 대외활동**

- 83년 중국 방문(6월)
- 84년 안드로프 소련공산당 서기장 사망으로 김일성과 함께 소련대사관 조문(2월), 호요방 중국공산당 총서기를 김일성과 함께 영접(5월), 김일성과 함께 북한 주재 소련대사와 회견(9월), 김일성과 함께 카피투 소련 외무부차관과 회견(11월)
- 85년 체르넹코 소련공산당 서기장 사망으로 김일성과 함께 소련대사관 조문(3월), 김일성과 함께 소련공산당 대표단 접견(4월), 호요방 중국공산당 총서기 영접(5월), 소련대사관이 개최한 소련 전승 40주년 연회에 참석(5월), 알리에프 제1부수상의 답례연회에 참석(8월)

· 86년   김일성과 함께 세바르나제 소련 외상 접견(1월), 쿠
          바의 카스트로 수상을 김일성과 함께 영접(3월)
· 87년   김일성과 함께 소련대사의 이임(離任)인사를 받음
          (11월), 김일성과 함께 북한주재 외국대사관 대표단
          접견(12월)
· 88년   김일성과 함께 고르바초프 대통령 특사(카프트 당
          제1부부장)와 회견(6월), 건국 40주년을 맞이하여 북
          한을 방문한 소련대표단(체브리고프 KGB 의장) 영
          접(9월), 중국대표단(양상곤 국가주석) 영접(9월),
          김일성과 함께 세바르나제 소련 외상과 회견(12월)
· 89년   김일성과 함께 중국공산당 서기와 회견(4월), 김일
          성과 함께 동독 국가평의회 크렌츠 부의장과 회견(7
          월), 김일성과 함께 쿠바 국가평의회 아르메이더 보
          스케 부의장과 회견

- 90년 김일성과 함께 중국공산당 총서기 강택민과 회견(3월)
- 91년 김일성과 함께 중국 수상 이붕과 회견(5월)
- 92년 50세 생일을 맞이하여 외국 축하사절단과 회견(2월), 김일성의 80세 생일을 축하하기 위해 북한을 방문한 양상곤 중국 국가주석을 비롯하여 외국 수뇌들과 회견(4월), 조선인민군 창건 60주년 기념 축하 외국사절단과 회견(4월), 김일성과 함께 중국공산당 군사위원회 비서장 양백영과 회견(6월), 이탈리아 실업가 카르로 바에리와 회견(9월).
- 93년 조국해방전쟁 승리 40주년(정권 40주년) 축하 외국사절단과 회견(7월)
- 94년 김일성 국장(國葬) 때 방문한 외국인 조문사절 접견(7월)
- 98년 현대그룹 정주영 명예회장과 회견(10월)

알고 싶은 북한의
50가지 궁금증

Q 1 북한의 경제성장률은?

A 마이너스 6.8%(97년)이다.

98년에도 마이너스 성장이 거의 확실하기 때문에 90년부터 9년간 계속적으로 마이너스 성장을 나타낸 셈이다.

Q 2 그들이 부르짖는 강성국가(强盛國家)란?

A 사상·군사·경제면의 대국화이다.

사상과 군사면에서 강하면 비록 나라가 작더라도 대국이 될 수 있다는 것이 그들의 신념인데 금년부터는 경제대국이라는 슬로건이 추가되었다. 북한은 수년 내에 강성대국이 된다고 큰 소리 치고 있다.

Q 3 북한이 지향하는 경제노선은?

A 중공업 우선주의이다.

북한은 98년부터 중공업을 우선시하는 동시에 경공업과 농업을 발전시키는 것을 기본노선으로 정했다. 그런데 과거에는 농업, 경공업, 무역의 3대 노선이었다.

Q 4 공장 가동률은?

A 20% 미만이다.

재정 사정의 악화와 에너지 및 원료, 자재 등의 부족이 주된 원인이다. 공장설비는 현재 30% 정도가 쓸모없는 폐품이 되어 버렸다.

Q 5 GDP (국내총생산)는 얼마인가?

A 105억 달러(96년) 정도이며, 주민 1인당 소득은 481달이다.

이 수치는 북한이 발표한 것인데 93년의 GDP는 209억 달러였다. 한국은 96년의 북한 GDP를 214억 달러, 1인당 소득을 1005달러로 추정한 바 있다.

Q 6 국방비는 어느 정도인가?

A 54억 달러(97년도 기준) 정도이다.

이에 비해 한국은 GDP의 3.3%, 국가총예산의 20.4%에 해당하는 147억 달러를 국방비로 지출하고 있다.

Q 7 일반노동자의 월급은 얼마 정도인가?

A 평균 월 100원 정도이다.

사무원, 노동자의 월급은 80~150원 가량 된다. 그러나 경제특별구 내에서 일하는 노동자의 한달 월급은 약 100달러 정도로 추정된다.

Q 8 주식은 무엇인가?

A 쌀과 옥수수이다.

시골에서는 쌀 대신 잡곡만으로 생활한다. 식량난이 심한 곳에서는 풀에다 밀가루를 약간 섞어 '풀죽'이나 '풀국수'를 해먹는 가정도 있다. 현재는 감자 재배에 힘을 쏟고 있어서 감자를 주식으로 삼는 고장도 있다.

Q 9 식량은 얼마만큼 부족한가?

A 99년도의 식량부족량은 160만 톤에 이른다고 한다.

총수요량은 551만 톤인데 98년도의 생산량은 불과 389만 톤에 지나지 않았다. 그러나 그해 국제지원량은 88만 9,000톤에 이르고 있다.

Q 10 영양실조에 걸린 어린이 숫자는?

A 7세 이하가 62%에 달한다.

유니세프(국제연합아동기금)와 세계식량계획, 그리고 EU(유럽연합기구)가 공동으로 조사한 결과를 98년 11월에 발표한 수치이다.

Q 11 한해에 죽은 아사자의 수는?

A 해마다 30만 명에서 80만 명에 이른다(미 하원 국제관계 위원회의 보고서).

한국의 국가정보원(구 안기부)은 지난 4년 동안 300만 명이 굶어죽었다고 발표했다. 그런데 한국으로 망명해 온 황장엽 전 서기는 95년 한해 동안 50만 명 가량이 굶어죽었다고 증언했다.

Q 12 각 가정에서는 식량난을 어떻게 해결하고 있는가?

A 각자가 조달하는 것이 원칙이다.

평양에서도 아파트의 욕조나 베란다를 이용하여 토끼나 닭을 기르고 있다. 방이 두 세개 있는 집에서는 방 하나를 아예 가축용으로 할애하고 있다. 어떤 가정은 돼지를 화장실에서 사육하기도 한다.

북한 농민시장의 물가

분류	품목	단위	두만강 유역의 동부국경지역	압록강 하류 서부국경지역	내륙지역	국정가격
곡물류	쌀	kg	75~80	75~80	85~90	0.08
	옥수수	kg	35~40	40~45	45~50	0.03
	밀가루	kg	50~60	55~60	70~80	0.06
육어류	돼지고기	kg	170~180	140~150	190~200	10
	닭고기	마리	120~150	150~180	300~500	9
	마른명태	마리	25~30	20~25	20~30	NA(*)
야채 과일류	배추	통	6~9	10	8~10	0.05
	미역	kg	80~100	60~80	20~30	0.3
	사과	개	15~20	15~20	10~20	0.1
조미료	콩기름	kg	250~300	280~300	130~200	1.2
	고추가루	kg	200~280	150~160	100	1.5
	설탕	kg	120~140	120	80~150	2
간식 기호품	과일	개	5	4	2~5	0.1
	꿀	g	200	250	250	5
	맥주	병	60	40	50	0.5
기타 필수품	세탁비누	개	30~40	40~45	60~100	0.4
	페니실린	병	15~20	20	20~30	NA(*)
	흑백TV	대	6000~8000	6,000	10000~12000	350

자료 : 일본 〈RENK〉지

콩(1kg)	60∼70
감자(1kg)	20∼45
고추(1kg)	250
마늘(4부대)	10
설탕(1kg)	200
소금(1kg)	18∼20
된장(1kg)	30
개고기(1kg)	170
문어(1kg)	150
오징어(1kg)	600
고등어(한마리)	30
닭(한마리)	350
토끼(한마리)	300
두부(한모)	12
국밥(한그릇)	10∼15
국수(한그릇)	10
빵(6개)	10
곶감(5개)	100
술(한병:20도)	25∼30
운동복	500∼600
중국산 맥주(한병)	40∼50
재봉틀	
• 북한제	5000∼6000
• 일본제 중고품	8000∼10000
냉장고	20000∼30000
자동차	
• 중국제	7000∼8000
• 북한제:갈매기	15000
• 일본제	20000
컬러TV	
• 일본제	35000

〈농민시장 관련자료〉

① 일반주민의 농민시장으로 부터
- 주식곡물 : 60%
- 생활필수품 : 70%

② 판매형태 : 금전에 의한 매매가 주류인데 물물교환도 많다.

③ 상품의 공급 루트
- 개인수확품, 생산물
- 외국(주로중국)에서의 유입물자
- 국제기관의 지원식량
- 직장(공장, 기업소)에서 몰래 유출된 물건이나 설비품
- 관리자나 물자 조달자에 의한 편취품
- 훔친 물건, 약탈품
- 당이나 행정간부들이 받은 뇌물품

④ 영업시간 : 대체로 오전 10시∼오후 6시까지 오후 9시까지 문을 여는 곳도 있다.

자료 : 일본 〈코리아 리포트〉지

Q13 식량부족은 언제쯤 해소될까?

A 빨라야 3년 후가 될 것이다.

북한의 최수헌 외교부 부부장은 98년 5월 국제연합 유럽본부 회의에서 '식량의 자급자족에는 3년이 걸리며 총 20억 달러의 자금이 필요하다'고 했다.

Q14 이산가족 상봉에 필요한 뇌물액수는?

A 평균 2만 달러 정도이다.

한때는 최고 5만 달러였지만, 지금은 2만 달러로 떨어졌다. 이 밖에 생사 확인의 경우는 300~500달러 정도이며, 편지 교환에는 1,000~2,000달러 정도가 필요하다. 또한 제3국의 장소에서 가족을 만날 경우는 1만 달러의 뇌물을 주어야 상봉이 가능하다.

Q15 화학비료는 얼마나 모자라는가?

A 약 100만 톤 가량 모자란다.

전체적으로 필요한 양은 169만 톤이지만, 98년도의 생산량은 불과 62만 톤에 지나지 않는다. 북한 당국의 경제계획 목표량은 연간 700만 톤이다. 그런데 그들은 비료 20만 톤으로 옥수수 150만 톤을 증산시킬 수 있다고 말한다.

Q 16 전력부족의 실정은 어떠한가?

A 지금 현재로는 700킬로와트 가량 부족하다.

제3차 경제계획의 목표는 1천억킬로와트이지만 겨우 3분의 1밖에 생산하지 못하고 있다. 화력발전소는 중유를 필요로 하기 때문에 수력이나 풍력 등 자연의 힘을 이용한 발전소의 건설에 주력하고 있다.

Q 17 북한에는 과연 석유가 매장되어 있는가?

A 매장되어 있다.

북한은 70년대부터 석유탐사를 실시하고 있다. 서해(황해)쪽에 430억 배럴(약 60억 톤)의 원유가 매장되어 있다고 발표했지만 개발자금과 경제성이 걸림돌이 되고 있는 듯하다.

Q 18 106층 호텔건축이 중단된 이유는?

A 외화부족 때문이다.

한국의 63빌딩과 미국의 엠파이어 스테이트 빌딩보다 더 높은 호텔(유경호텔)을 지으라고 김정일이 지시를 내렸지만 외화부족으로 90년부터 공사가 중단되고 있다.

Q 19 농민시장은 몇 군데가 있는가?

A 전국에 350군데가 있다.

과거에는 한달에 두 번 정도 장이 열렸지만 지금은 매일 처럼 열리고 있다. 당국에 일정 금액을 납부하면 자유영업이 가능하다. 상품의 가격은 공정가격의 50~80배에 이른다. 어떤 것은 천 배에 달하는 것도 있다.

Q 20 국제기구를 통해 무상으로 지원받은 곡물은 얼마 정도인가?

A 총 65만 톤이다.

96년 4월~97년 3월까지 35만 톤, 97년 4월~98년 3월까지 30만톤을 지원받았다. 96년까지는 주로 쌀이었지만, 그후 북한은 같은 값으로 양이 많은 옥수수를 요구하고 있다.

Q 21 원조물자는 어떻게 수송되는가?

A 바다와 중국 국경을 이용한다.

중국에서 북한으로 들어오는 루트는 단동—신의주, 도문—남양 등 세개의 루트가 있다. 옥수수 1만 5,000톤을 운반할 경우 화차 300대가 필요하며, 북한측에 인도되기까지는 10일 정도의 시일이 걸린다.

가난해진 이유(복수 응답)

빈곤의 이유	응답수	응답빈도	인원빈도
자연재해로 인한 식량생산 타격	198	23.3%	35.2%
국가의 정책 빈곤	131	15.4%	23.3%
지나치게 많은 군사비 지출	101	11.9%	17.9%
지도층의 관료주의적 실정	91	10.7%	16.7%
최고지도자의 책임	87	10.2%	15.5%
개혁과 개방을 하지 않은 탓	80	9.4%	14.2%
경제개발을 하지 않은 탓	25	2.9%	4.4%
남·북한이 통일되지 않은 탓	22	2.6%	3.9%
기타	170	13.5%	20.6%
합계	905	100.0%	151.2%

배급중단 후의 생활(복수 응답)

배급중단 후의 생활	응답수	응답빈도	인원빈도
나무, 산나물, 옷 등을 팔았다.	371	26.1%	49.5%
가구나 기물 등을 팔았다.	295	20.7%	39.4%
풀뿌리, 소나무껍질을 벗겨 먹었다.	288	20.3%	38.5%
친척들의 도움으로	155	10.9%	20.7%
남의 물건을 훔쳐서	55	3.9%	7.3%
집을 팔아서	50	3.5%	6.7%
밭을 일구어서	43	3.0%	5.7%
걸식을 하고 다니면서	42	3.0%	5.6%
식량을 구하러 타지역 내왕	37	2.6%	4.9%
약초를 캐어 식량과 교환	23	1.6%	3.1%
날품팔이를 해서10	0.7%	1.3%	
기타	53	3.7%	7.1%
합계	1,422	100.0%	189.8%

자료: ‘한민족 서로 돕기 불교운동본부’에서 북한 식량 난민 770명을 대상으로 실시한 면담조사 결과 보고서중

Q 22　시장경제에 대한 시도는 없는가?

A　경제기술관료에 대한 교육이 시작되었다.

세계은행(IBRD)의 후원으로 국제연합 개발계획(UNDP)이 평양에서 조선중앙은행과 경제부서의 국장급 30명에 대해 시장경제에 관한 교육을 금년 4월부터 시작했다.

Q 23　통일교와 북한과의 관계는?

A　비교적 양호한 관계를 유지하고 있다.

문선명 씨의 91년 방북을 계기로 우호적 관계를 유지해오고 있다. 98년에는 리틀엔젤스(통일교계열)가 북한에서 공연행사를 가졌다. 한편 금강산 관광사업에도 손을 대고 있으며, 평안남도 남포에는 100만 평의 자동차공장용 부지를 확보하고 있다.

Q 24　현재 부랑자의 수효는 얼마나 되는가?

A　대략 23만 명 정도로 추정된다.

98년 1월에 개최된 한국통합방위본부회의에서는 '부랑자의 수효가 96년에는 1만 3,000명이었던 것이 97년에는 23만 명에 달하고 있다'고 발표했다.

Q 25   중국에서의 북한 난민의 수효는?

A 정확한 숫자는 파악되지 않고 있다.

2년 전에는 러시아를 포함하여 8000명(한국 통일부장관 언급) 가량으로 추정했지만, 그후 2년 동안 그 수효가 급증하여 2만명에서 5만 명까지라고도 말한다.

Q 26   남한으로 탈출한 망명자의 수는?

A 98년 한해 동안만 58명이다.

실지로 한국에의 망명을 희망해도 극히 일부 사람만이 허용되고 있다(제3국 경유의 망명자).

Q 27   망명자 정착금은 얼마인가?

A 최저액이 약 670만원이다.

그러나 국가안전보장에 관계되는 정보를 제공하는 사람에게는 2억 5,000만 원까지, 전투기에 탑승하여 망명한 사람에게는 1억 5,000만 원까지 지급된다. 이미 망명한 황장엽 전 서기에게는 2억 5,000만 원이 지급되었다.

Q 28 신원 미공개의 망명자도 있는가?

A 100명 정도 된다.

이 중에는 북한 당국의 요직에 몸담았던 고관도 포함되어 있다. 대부분 북한에 남아 있는 가족의 신변안전을 위해 본인이 공개를 거절하는 경우도 있다. 96년에 살해된 김정일의 전처(성혜림)의 조카 이한영도 죽기 전까지 14년간 신원이 비밀에 붙여졌다.

Q 29 6.25 때 한국군 포로의 숫자는?

A 136명 정도가 아직도 북한에 생존해있다.

한국군의 포로가 북한에 억류되어 있다는 사실은 북한을 탈출하여 98년 9월 45년 만에 조국의 품에 안긴 전 국군포로 장무환 씨의 증언에 의해 밝혀졌다.

Q 30 현대그룹 총수의 방북 선물은?

A 소 1천 마리와 옥수수 5만 톤이다.

정주영 현대명예회장이 북한에 제공한 소 1천 마리와 옥수수 5만 톤을 금액으로 환산하면 1,500억 원 상당액이 된다. 이것은 한국의 민간단체가 97년도에 북한으로 보낸 식량의 총액수와 맞먹는 금액이다.

Q 31 금강산 관광의 목표 인원수는?

A 2005년까지 연간 150만 명이다.

북한 당국에 지불하는 입산료는 1인당 300달러이다. 오는 2001년까지 하루 1,000~2,000명으로 잡고 있다. 골프, 스키장, 레저 시설 등을 건설하고 2004년까지는 연간 100만 명을 끌어들일 계획을 세우고 있다.

Q 32 현대그룹의 금강산 관광사업 독점권료는 얼마인가?

A 6년간 9억 4,200만 달러이다.

계약조건은 최초 6개월간은 매월 2,500만 달러를 지불하다가 그후 9개월간은 매월 800만 달러, 그리고 그 이후 5년간은 매월 1,200만 달러를 북한 당국에 지불하는 것으로 되어 있다.

Q 33 외국환의 공정환율과 실세환율의 차이는?

A 100배 이상의 차이가 있다.

공정환율은 1US달러당 2.14원이다. 그런데 암거래 환율(실세환율)은 1US달러당 240원이다. 나진―선봉지구의 자유무역지대의 환율은 1US달러:210원이다.

Q 34 무역량은 어느 정도인가?

A 98년도의 무역액은 총 17억 달러이다.

97년도에는 21억 8,000만 달러였기 때문에 전년도 대비 약 22%의 감소라고 하겠다. 북한의 최대 무역 상대국은 중국이며 그 다음이 일본, 홍콩 순이다.

Q 35 경수로 건설비용은 얼마나 소요되는가?

A 약 41∼45억 달러가 투입된다.

비용은 환율에 따라 변동이 생긴다. 비용부담은 한국이 70%, 일본이 20%, 나머지 10%는 유럽 및 KEDO(한반도 에너지 개발기구) 가맹국이 부담한다.

Q 36 한국인 기업가의 방북건수는?

A 89년 6월부터 98년 10월까지 약 9년반 동안 총 211건(706명)에 달한다.

신청건수는 293건(1089명)이었다. 88년부터 98년까지의 남북 무역총액은 약 17억 달러에 이른다.

Q 37 북한과 합자한 한국 기업수는?

A 32개 사이다.

　현대그룹의 금강산 사업을 제외하면, 한일합섬의 규모가 제일 큰데 약 980만 달러(봉재공장과 방적공장 건설계획)에 이른다. 그뒤를 이어 도레마을조합의 800만 달러(선봉지구에 합영농장 설립 계획)이다.

Q 38 조총련과 합자한 기업수는?

A 98년 말 현재 15개 사 정도이다.

　95년까지는 131개 사였는데 지금은 대부분 손을 뗀 상태이다. 그 이유는 북한의 약속 불이행과 일본의 불경기가 주원인이다. 경제기반의 취약과 원료 및 자재 부족, 전력부족 등도 영향을 미치고 있다.

Q 39 북한의 일본인처 가운데 몇 사람이 고향으로 돌아왔는가?

A 불과 27명에 지나지 않는다.

　97년 11월에 15명, 98년 1월에 12명이다. 현재 북한에서 살고 있는 일본인처는 1,800명으로 추정되는데 27명이라는 숫자는 전체의 1.6%에 지나지 않는다. '일본인처 고향 돌아오기 사업'은 현재 중단상태이다.

Q 40   북한에도 폭력조직이 있는가?

A 그곳에도 크고 작은 조직이 있다.

조직의 구성원은 대략 20명에서 100명 정도로서 저마다 독특한 성격을 띠고 있다. 그러나 사회안전부(일반경찰) 등 치안당국과 결탁하여 물품을 강탈하는 경우가 많다. 최근 함경북도 회령에서 '길동이파'라는 대조직이 확인되었다.

Q 41   김정일의 생일에 쓰여지는 비용은 얼마 정도인가?

A 약 9천 달러가 소요된다.

내역을 소개하면, 주민들에게 나누어주는 식량 및 생활필수품 구입비용이 4,500만달러, 각종 행사준비비 4,083만 달러, 재외대사관 주최 파티경비 300만 달러이다.

Q 42   북한에도 매춘이 있는가?

A 90년대 들어 매춘이 급증하고 있다.

매춘 여성의 연령도 10대에서 40대에 이르기까지 다양하다. 외국 상인(특히 중국의 조선족)들을 대상으로 하는 경우가 많은데 화대는 2만 원에서 10만 원이 일반적이다. 배급을 받기 위해 약간의 돈을 받고 매춘을 하는 주부도 있다고 한다.

Q43 김일성 동상은 모두 몇 개인가?

A 전국적으로 70여 개가 있다.

60년대 말부터 세워지기 시작한 김일성 동상의 대표적인 것은 72년 4월 김일성의 환갑 때 만수대 언덕에 세워진 동상으로서 높이가 20미터에 달한다. 이 동상은 외국인의 관광명물로 인기가 있다.

Q44 형무소에는 어떤 것이 있는가?

A 4가지 종류가 있다.

강제노동집결소(15일에서 6개월간 수용), 노동교양소(1년 이하의 경범죄자용), 교환소(6개월에서 15년 이상의 중범죄자용), 관리소(정치범과 상습범죄자용)가 있다.

Q45 북한에 있는 방송국 숫자는?

A 라디오국이 4개, TV국이 3개 있다.

라디오 방송국은 조선중앙방송, 평양방송, 평양FM, 유선방송(제3방송) 등이 있다. TV방송국은 중앙TV, 만수대TV, 개성TV가 있으며, 특히 평양방송은 대남용(한국을 대상으로 한 선전) 방송으로서 북한 내에서는 청취할 수 없다.

Q 46 북한의 실제 인구는 얼마인가?

A 2천2백만 명으로 추정되고 있다.

'95년에 2천5백만 명이던 인구가 98년에는 2천2백만 명으로 줄었다'고 한국 국가정보원이 발표했는데 이에 대해 북한 당국은 '95년의 인구는 2천121만 명이었다'고 반박하고 나섰다.

Q 47 경수로 건설은 언제쯤 완성되는가?

A 서기 2005년 이후에야 가능하다.

제네바 합의에서는 2003년까지 경수로 2기를 건설 완료한다는 내용이었지만, 아무리 서둘러도 2005년 이후가 될 가능성이 높다.

Q 48 북한도 징병제인가?

A 그렇다. 군복무기간은 통상 10년간이다.

공민증(주민증)이 발급되는 17세 이상이 대상이 된다. 규정상으로는 육군이 3년 6개월, 해·공군은 4년으로 되어 있지만 현실적으로 27세까지 10년간 복무하는 것으로 보통이다. 이에 비해 한국의 경우는 19세부터가 징집대상이 되고 있다.

Q 49 쿠데타를 막는 부대가 따로 있는가?

A 있다. 바로 독립전투여단이다.

이 부대는 3개대대로 편성되어 있으며, 병력은 1,500명 정도
이다. 김정일 국방위원장의 경호는 호위사령부(사령관 이을설
원수)가 담당한다. 호위사령부는 제1, 제2, 제3호위부와 독립전
투여단 등으로 구성되어 있다.

Q 50 북한에 있는 인민회의 대의원 수는?

A 687명이 있다.

98년 7월, 8년 만에 선거가 치루어져 687명의 대의원이 선출
되었다. 선거방식은 당이 추천한 후보자를 신임투표 형태로 확
정한다. 한국에는 대의원과 대등한 성격의 국회의원이 있는데
그 수효는 299명이다.

지은이 변진일(邊眞一)

출생지 1947년 일본 도쿄에서 태어남.

학 력 일본 메이지 가쿠인(明治學院)대학 영문과 졸업

경 력 • 71년 「조선신보」사에 입사, 영자지 「PEOPLE'S
KOREA」기자로 활약하다가 80년 12월 퇴사
• 82년 3월 조선반도문제전문지 〈코리아 리포트〉를
창간, 현재 편집장으로 재직
• 한편 TV, 라디오, 신문, 주간지, 잡지 등에서 시사
해설자로 활약중임
• 80년에 북한, 92년에 한국을 방문 취재

저 서 • ≪북조선망명 730일 다큐먼트≫ ≪한반도 X데이
≫ ≪표리의 한반도≫ ≪일촉즉발의 38선≫ ≪일
한(日韓)시리즈 전 8권≫ 등

기 타 • 자민당 외교조사회, 민주당 조선문제 위원회에서
강연
• 참의원 국회 참고인으로서 조선반도 문제로 증언

북조선 X파일 100

1999년 11월 1일 인쇄
1999년 11월 5일 발행
지은이 변 진 일
펴낸이 박 경 일

펴낸곳 한국산업훈련연구소
등록 1978년 6월 24일(제1-256호)
주소 (130-110)서울시 동대문구
신설동 104-30
TEL (02)2234-4174~5
FAX (02)2234-6070
정가 7,500원
ISBN 89-7019-149-6